Über den Autor

Ludwig Schönefeld ist ein profunder Kenner der Regional- und Verkehrsgeschichte im Ruhrgebiet. Auf eine Ausbildung bei einer regionalen Tageszeitung folgten das Studium der Sozialwissenschaften, Geschichte und Literaturwissenschaft sowie ein spannendes Berufsleben als Pressesprecher, Manager internationaler Industriekonzerne, Interim-Manager, Berater und Gastkurator des Ruhr Museums.

Seit vielen Jahren interessiert sich Ludwig Schönefeld in besonderer Weise für die Geschichte der Bochum-Gelsenkirchener Straßenbahnen AG: Sein 1989 vorgelegtes Buch zur Entwicklung des Fahrzeugparks ist bis heute ein Standardwerk. Nach wie vor legt er großen Wert auf eine gute Zusammenarbeit mit den Verkehrsbetrieben und den kommunalen Archiven sowie auf den Austausch mit regionalen Heimatvereinen und privaten Sammlern. Mit seinen seit 2021 angebotenen Online-Publikationen zur Historie der Straßenbahn in Bochum, Castrop-Rauxel und Gelsenkirchen, Hattingen, Herne, Wattenscheid und Witten versucht er, gerade auch junge Menschen für die Regional- und Verkehrsgeschichte zu begeistern.

Die Straßenbahn in Witten

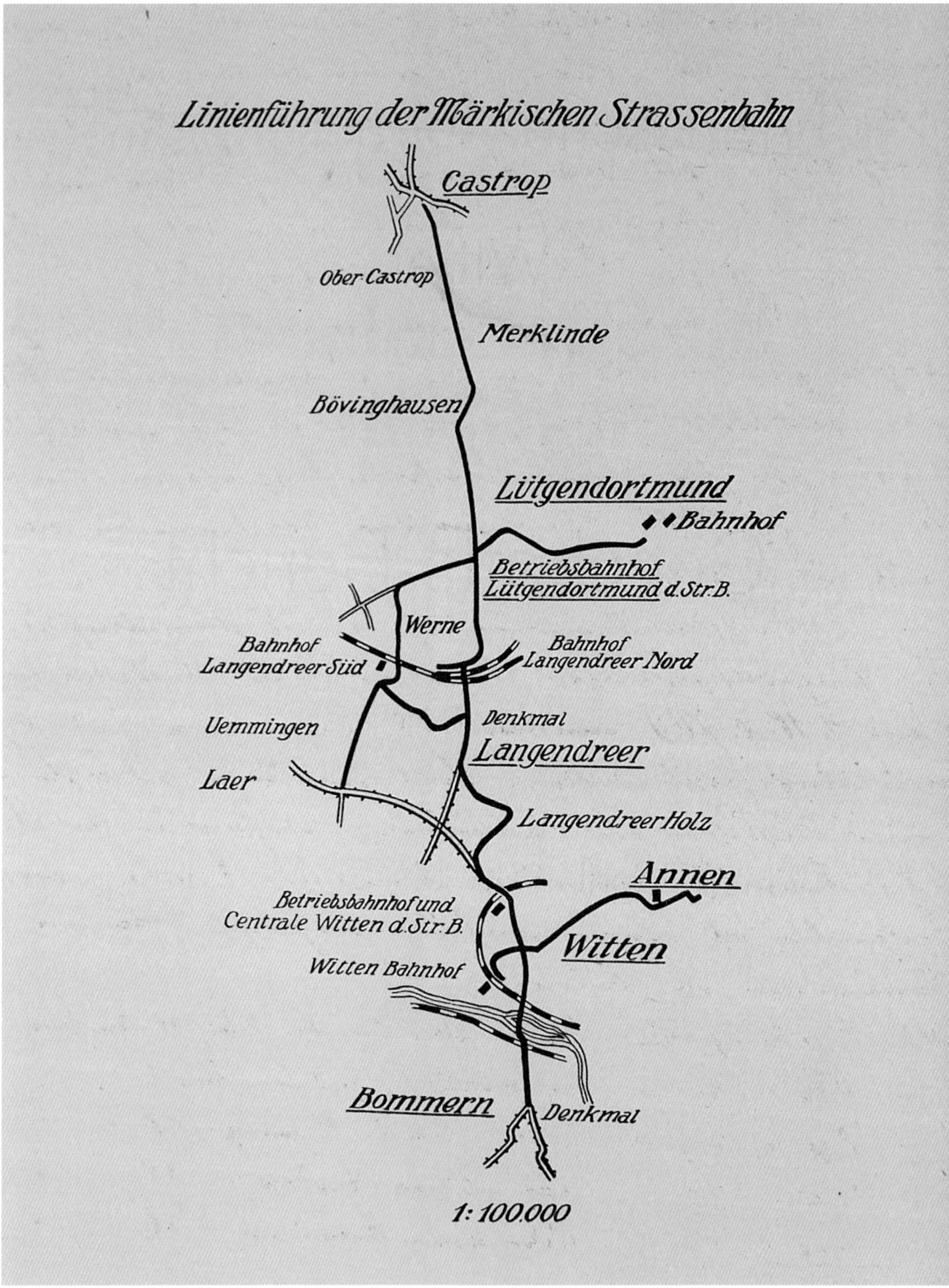

Zwischen 1898 und 1901 errichtete die Märkische Straßenbahn ein weitläufiges Straßenbahnnetz im östlichen Ruhrgebiet. Es reichte von den Wittener Ruhrhöhen über die Ausläufer des Ardey-Höhenzuges bis in das Emschertal bei Castrop.

Ludwig Schönefeld

Die Straßenbahn in Witten

Unterwegs zwischen Kornmarkt, Crengeldanz, Langendreer und Lütgendortmund seit 1899

SUTTON

Einband vorn: Jahrelang prägten die Zweirichtungswagen des Typs „Bochum" das Bild der Linie 10. Am 29. Dezember 1963 biegt Triebwagen 1 mit Fahrtziel „Witten Hbf." am Marienhospital in die Hauptstraße ein. Kurz zuvor hatte die im Krieg zerstörte Marienkirche einen neuen Turmhelm erhalten.

Vorsatz: Die Ansichtskarte mit dem seltenen Motiv der soeben aus Langendreer angekommenen Straßenbahn wurde 1907 von Witten nach Düsseldorf geschickt. Im Hintergrund ist das Hotel „Ruhrgarten" von Otto Turk zu sehen. Im Laufe der Zeit gelangte die Ansichtskarte nach St. Louis im US-Bundesstaat Missouri. 2023 kehrte sie zurück in das Ruhrgebiet.

Nachsatz: Im besten Fotolicht erreicht Triebwagen 311 am 19. September 2019 das Wittener Stadtzentrum. Links die Omnibushaltestelle Witten Rathaus. In wenigen Momenten wird die Ampelanlage der Straßenbahn die Einfahrt in die Bahnhofstraße erlauben.

Einband hinten: Das offizielle Eröffnungsbild der Märkischen Straßenbahn entstand am 5. Januar 1899 am Bahnhof Bommern (siehe Seite 12 oben).

Die Bezeichnung der Straßen erfolgt in der heutigen Schreibweise. Die aktuellen Straßennamen werden in Klammern angefügt. Zur Orientierung empfehlen wir das Stadtplanwerk Ruhrgebiet des Regionalverbandes Ruhr: https://www.rvr.ruhr/daten-digitales/geodaten/stadtplanwerk/

Impressum
Sutton Verlag GmbH
Schweickhardtstraße 1
72072 Tübingen
www.suttonverlag.de

ISBN: 978-3-96303-544-9
Printed in Poland by CGS
Gestaltung und Herstellung: Sutton Verlag

In diesem Buch wird aus Gründen der besseren Lesbarkeit das generische Maskulinum verwendet. Weibliche und anderweitige Geschlechteridentitäten werden dabei ausdrücklich mitgemeint, soweit es für die Aussage erforderlich ist.

Inhalt

Vorwort

Am 4. Januar 1899 wurde in Witten an der Ruhr die Eröffnung der elektrischen Straßenbahn gefeiert. Das Unternehmen, an dem Witten, Langendreer, Annen und Bommern beteiligt waren, erhielt die Bezeichnung „Märkische Straßenbahn". Am 5. Januar 1899 begann der reguläre Personenverkehr.

1912 ging der kommunale Verkehrsbetrieb in der Westfälischen Straßenbahn GmbH auf. Ihre Nachfolge trat die Bochum-Gelsenkirchener Straßenbahnen AG an, die seit 1901 im heutigen Wittener Stadtgebiet unterwegs ist.

Die Hauptachse des Straßenbahnbetriebs in der Wittener Innenstadt, zwischen Kornmarkt und Crengeldanz, ist bis heute in Betrieb. Hier verkehren aktuell die Linien 309 und 310. Ein guter Grund, den 125. Geburtstag der Straßenbahn in Witten mit einem Buch zur Geschichte des öffentlichen Nahverkehrs zwischen Ruhr und Emscher zu würdigen.

Das Vorhaben, dieses Werk zu schreiben, reicht bis in die 1980er-Jahre zurück. 1985 erschien mein erstes Buch zur Geschichte des Nahverkehrs im mittleren Ruhrgebiet. Im Fokus stand dabei die Kommunale Straßenbahn-Gesellschaft Landkreis Gelsenkirchen, deren 1908 eröffnete Straßenbahnstrecke die späteren Städte Wattenscheid und Herne miteinander verband.

Zwei Jahre später folgte ein weiterer Band, in dem ich mich mit der Straßenbahn der Stadt Herne und dem ehemaligen Obus-Betrieb der Bochum-Gelsenkirchener Straßenbahnen AG beschäftigt habe. 1989 erschien ein Buch über die Entwicklung des Wagenparks der Bochum-Gelsenkirchener Straßenbahnen AG.

Ein bereits begonnenes Projekt war eine Publikation zur Geschichte der Märkischen Straßenbahn in Witten. Mein beruflicher Werdegang erforderte Anfang der 1990er-Jahre andere Prioritäten.

2021 war es mir möglich, die intensiven Recherchen zur Geschichte des Nahverkehrs im mittleren Ruhrgebiet fortzusetzen. Mein Ziel ist es, vorhandene und neue Erkenntnisse der historischen Spurensuche in zeitgerechten medialen Formaten zu publizieren.

Ich bedanke mich beim Sutton Verlag in Erfurt, der es mir ermöglicht, dieses Buch über das Wittener Straßenbahnnetz zu publizieren. Die Schnittstellen zum Netz der Bochum-Gelsenkirchener Straßenbahnen AG in Bochum-Langendreer und in Lütgendortmund werden dabei mit Blick auf die Relevanz für den Einzugsbereich des Wittener Stadtgebiets berücksichtigt. Für detaillierte Informationen zum Wagenpark verweise ich auf mein Buch „Zwischen Emscher und Ruhr", das nach wie vor antiquarisch erhältlich ist.

Bei allen Leserinnen und Lesern bedanke ich mich für das Interesse an einem Thema, das mich bereits seit frühester Jugend begeistert und fasziniert.

Ludwig Schönefeld

Einleitung

Witten gehörte zu den Orten des Ruhrgebiets, die bereits früh von den Kohlelagerstätten an den Ausläufern des Sauerlandes und des Bergischen Landes profitierten. 1525 wurde im Bereich des heutigen Stadtgebiets erstmals Steinkohle abgebaut. Aufgrund der verkehrsgünstigen Lage war die Ortschaft im 17. und 18. Jahrhundert ein bedeutender Umschlagplatz für Getreide.

Der Bergbau im heutigen Wittener Stadtgebiet wurde anfangs von zahlreichen Kleinzechen betrieben. Ein größerer Betrieb entstand ab 1839 durch den Zusammenschluss mehrerer Abbaubetriebe zur Schachtanlage „Vereinigte Franziska Tiefbau" mit den Tiefbauschächten „Hardt" (abgeteuft ab 1839) und „Eleonore" (abgeteuft ab 1852). 1851 entstand in Annen durch die Vereinigung der Zechen „Hamburg" und „Vollmond" ein neuer Betrieb, der im selben Jahr mit der Abteufung des Schachtes „Adolf" zur Tiefbauzeche weiterentwickelt wurde. 1895 fusionierten die Zechen „Franziska" und „Hamburg". Sie beschäftigten damals rund 2.500 Bergleute. Damit hatte der Bergbau im heutigen Stadtgebiet den Zenit der Entwicklung bereits überschritten. Am 27. September 1925 wurde der Abbaubetrieb eingestellt. Zuletzt lag die Jahresförderung bei rund 480.000 Tonnen.

Das Stadtzentrum von Witten auf einer Ansichtskarte aus dem Jahr 1910.

Für die Stadtentwicklung bedeutender als der Bergbau war die frühe Industrialisierung der Stadt. Der erste eisenverarbeitende Betrieb, die spätere Gussstahlfabrik Lohmann, wurde 1790 gegründet, ab 1815 errichtete Johann Friedrich Lohmann auf dem Gelände des einstigen Rittergutes Haus Berge zu Witten ein Stahlwerk und eine Kornbrennerei. Ab 1814 leitete der Bierbrauer Wilhelm Dönhoff im Wittener Westen die Industrialisierung ein. 1825 verkaufte er einen Teil seiner Grundstücke am heutigen Crengeldanz an die Brüder Gustav und Theodor Müllensiefen für den Bau einer Glasfabrik. 1893 wurde mit der Märkischen Seifenfabrik auch die chemische Industrie in Witten heimisch. Im Jahr 1900 gab es in der Stadt 51 Industriebetriebe mit rund 5.800 Mitarbeitenden.

1823 erhielt Witten Stadtrechte. Am 20. Dezember 1848 eröffnete die Bergisch-Märkische Eisenbahn-Gesellschaft ihre Stammstrecke von Elberfeld nach Dortmund über Barmen, Schwelm, Hagen, Wetter und Witten. Anfangs verkehrten auf der Linie nur Güterzüge. Am 9. März 1849 wurde der erste Personenbahnhof in Witten eröffnet. Er wurde am 28. September 1901 durch den neuen Bahnhof Witten West ersetzt. Dieser wurde am 31. Januar 1940 zum Hauptbahnhof aufgewertet.

In den folgenden Jahren entwickelte sich Witten zu einem Eisenbahnknoten, an dem die Bergisch-Märkische Eisenbahn-Gesellschaft ab 1863 umfangreiche Werkstätten errichtete. Die Kohleförderung an der Ruhr begünstigte die Entstehung zahlreicher Industriebetriebe, insbesondere zwischen Witten und der angrenzenden Gemeinde Annen.

Zur Bürgermeisterei Witten gehörten neben der Innenstadt die Gemeinden Langendreer, Stockum, Düren, Somborn und Werne. Das engere Stadtgebiet wurde 1899 kreisfrei. Zuvor hatte die Stadt zum Landkreis Bochum gehört. 1921 wurde die Gemeinde Heven, 1929 die Gemeinde Annen und der Ortsteil Rüdinghausen Witten zugeschlagen. Die Gemeinden Langendreer und Werne wurden demgegenüber im Zuge der Kommunalreform von 1929 größtenteils nach Bochum eingemeindet.

Seit dem 1. Januar 1975 ist Witten infolge einer Gebietsreform in Nordrhein-Westfalen Teil des Ennepe-Ruhr-Kreises. Zeitgleich wurde die zuvor selbstständige Stadt Herbede nach Witten eingemeindet.

Pläne für ein Wittener Straßenbahnnetz

Als Folge der frühen Industrialisierung erlebte Witten ab den 1860er-Jahren einen kontinuierlichen Bevölkerungsanstieg. Der Ausbau von Witten zum Eisenbahnknoten führte zwischen 1855, als rund 5.100 Menschen in Witten lebten, und 1865 zu einem Bevölkerungsanstieg um etwa 125 Prozent auf rund 11.500 Einwohner. In den folgenden 20 Jahren verdoppelte sich die Bevölkerung ein weiteres Mal. Bis 1885 stieg sie um 148 Prozent auf rund 23.600. Dann jedoch verlangsamte sich die Entwicklung. 1895 lebten etwa 28.800, 1905 rund 35.000 Menschen in Witten. Erst durch die Eingemeindungen von Heven (1921) sowie Annen, Bommern, Rüdinghausen und Stockum (1929) stieg die Bevölkerungszahl von rund 38.000 Einwohnern (1920) auf etwa 74.000 Einwohner (1930). 1975 wurde Witten als Folge der Gebietsreform zu einer Großstadt mit mehr als 100.000 Menschen.

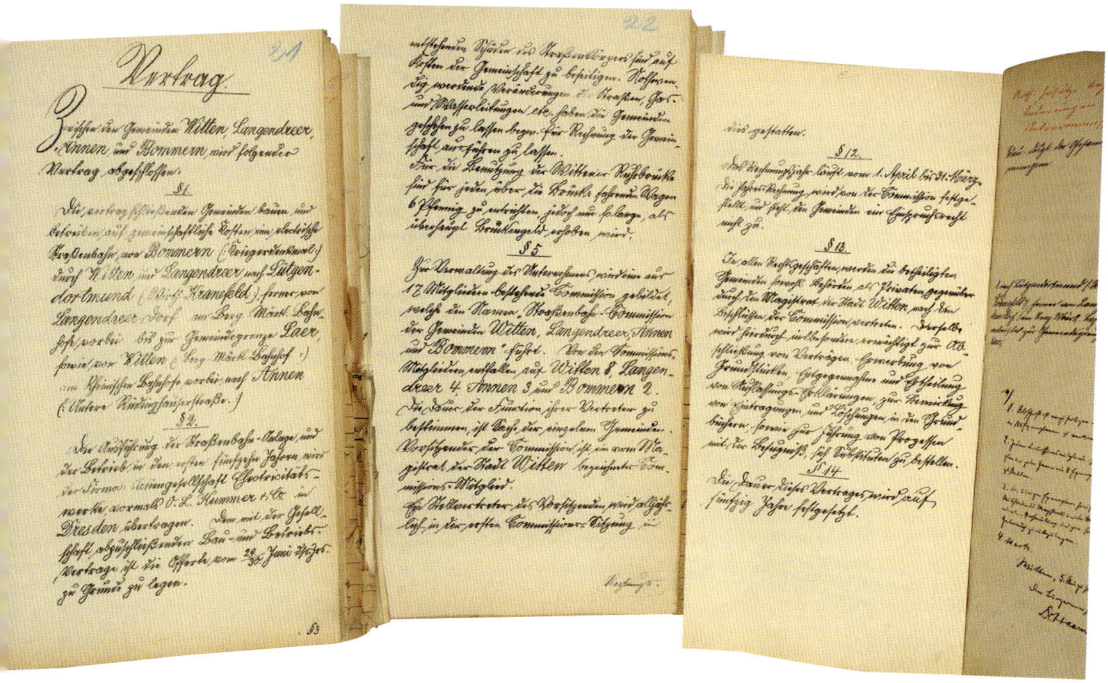

Kurz vor der Jahrhundertwende war die Stagnation des Bevölkerungswachstums nicht abzusehen. Im Gegenteil: Die Stadt erwartete die Gründung neuer Betriebe und einen weiteren Zustrom von Arbeitskräften. Um die Menschen in den zum Bürgermeisteramt gehörenden Gemeinden enger an die Kernstadt zu binden, war der Aufbau eines Straßenbahnnetzes von großer Bedeutung. Vor allem der damalige Bürgermeister der Stadt, Dr. Gustav Haarmann (1848–1911), engagierte sich für das Projekt.

Am 12. Juli 1895 trafen sich Vertreter der Stadt Witten sowie der Gemeinden Langendreer, Werne, Annen und Bommern, um das Straßenbahnprojekt zu erörtern. Bereits zu diesem Zeitpunkt wurden die Grundzüge des späteren Wittener Straßenbahnnetzes festgelegt.

Um die Sache voranzutreiben und einen privaten Investor für das Projekt zu finden, wurde eine Straßenbahnkommission gegründet. Anders als in Bochum und Gelsenkirchen gab es jedoch kein privatwirtschaftlich aufgestelltes Unternehmen, das ein Eigeninteresse am Bau und Betrieb eines Straßenbahnnetzes in Witten gehabt hätte. Vor diesem Hintergrund kam man am 3. November 1896 überein, die Strecken in Eigenregie auf Kosten der Gemeinden zu bauen. Über eine öffentliche Ausschreibung sollte ein Unternehmen gefunden werden, das bereit war, die Strecken zu erstellen und im Auftrag der Gemeinden auf Basis eines Pachtvertrages zu betreiben.

In der Actien-Gesellschaft Elektricitätswerke (vorm. Kummer & Co.) in Dresden-Niedersedlitz, abgekürzt A.-G. Elektricitätswerke, mit der bereits 1896 erste Gespräche geführt worden waren, fand die Straßenbahnkommission den passenden Partner. Nach Firmenangaben wurde der Auftrag zur Herstellung der geplanten Anlagen bereits im Juli 1897 erteilt. Am 28. und 30. August 1897 schlossen die Gemeinden Witten, Langendreer und Annen einen Vertrag zur Organisation, Verwaltung und Finanzierung der Märkischen Straßenbahn. Am 10. September 1897 wurde diese Vereinbarung auch von der der Gemeinde Bommern unterzeichnet.

Zusammenarbeit mit der A.-G. Elektricitätswerke

Die von Oskar Ludwig Kummer (1848–1912) gegründete Actien-Gesellschaft Elektricitätswerke hatte sich mit zahlreichen Innovationen auf dem Gebiet der elektrischen Krafterzeugung und im Bereich der Elektromotoren und Fahrschalter für Eisen- und Straßenbahnen eine hohe Reputation erarbeitet. Mit rund 2.000 Mitarbeitenden war das Unternehmen am Vorabend der Jahrhundertwende der größte Arbeitgeber in Sachsen. Für die Beauftragung sprach insbesondere, dass die gesamte Straßenbahnanlage aus einer Hand geliefert werden konnte.

Als Standort für die Zentrale der Märkischen Straßenbahn fand die Straßenbahnkommission ein gut geeignetes Grundstück im Süden der Gemeinde Langendreer. Es lag im Bereich der Grundherrschaft Haus Crengeldanz. Hier betrieb die Familie Mayweg eine Ziegelei. Ein Teil des Geländes stand zum Verkauf.

Bereits im Oktober 1897 wurde das Baulager der A.-G. Elektricitätswerke an der Crengeldanzstraße eingerichtet. Am 10. Januar 1898 berichtete das „Wittener Tageblatt", dass mit der „Legung der Schienen" begonnen werde. Einen konkreten Kostenvoranschlag für den Bau der Märkischen Straßenbahn unterbreitete der Generalunternehmer gleichwohl erst am 11. Dezember 1897.

In den Verträgen zur Märkischen Straßenbahn waren zwei Hauptachsen vorgesehen: eine Strecke von Bommern über Witten, Langendreer und Lütgendortmund nach Castrop und eine Strecke vom Bergisch-Märkischen Bahnhof über Annen nach Rüdinghausen. Stichstrecken sollten vom Dorf Langendreer zum Bahnhof Langendreer, vom Bahnhof Langendreer nach Uemmingen und vom Bahnhof Langendreer über die Gemeinde Werne nach Lütgendortmund führen.

Verpachtung für 15 Jahre

Am 13. Dezember 1898 trat ein neuer Vertrag an die Stelle der Vereinbarung aus dem Jahr 1897. Zu den Unterzeichnern gehörte jetzt auch die Gemeinde Werne. Zeitgleich wurde die A.-G. Elektricitätswerke über einen Pachtvertrag für 15 Jahre mit der Betriebsführung beauftragt. Als Pachtzins wurden fünf Prozent des in Grundstücke und Betriebseinrichtungen investierten Kapitals vereinbart. Darüber hinaus wurde die A.-G. Elektricitätswerke verpflichtet, jährlich einen Betrag in Höhe von 3,5 Prozent des in die Betriebsanlagen investierten Anlagekapitals für die Bildung eines Erneuerungsfonds aufzuwenden.

Am 12. Dezember 1898 wurde der Pachtvertrag von der A.-G. Elektricitätswerke, vertreten durch den kaufmännischen Prokuristen William Mansfield Denso, akzeptiert. Stellvertretend für die Verwaltungskommission der Märkischen Straßenbahn unterzeichnete am 31. Dezember 1898 der Wittener Bürgermeister Dr. Gustav Haarmann.

1
Märkische Straßenbahn Witten

Als der Pachtvertrag zwischen A.-G. Elektricitätswerke und Verwaltungskommission der Märkischen Straßenbahn unterzeichnet wurde, stand der Betrieb bereits kurz vor der Eröffnung.

Der Pachtvertrag regelte die Betriebsführung der Bahn auf folgenden Strecken:

a) Bommern (Kriegerdenkmal)–Witten–Langendreer–Lütgendortmund (Wirtschaft Kranefeld)

b) Langendreer Dorf–Langendreer Bahnhof–Uemmingen (Gemeindegrenze Laer) und

c) Witten (Bergisch-Märkischer Bahnhof)–Annen (untere Rüdinghauserstraße).

Das mit der A.-G. Elektricitätswerke zu liefernde Leistungspaket beinhaltete neben dem Betrieb der Straßenbahn auch die Elektrifizierung der Stadt. Dazu wurde an der Elberfelder Straße in Bommern ein Elektrizitätswerk gebaut.

Parallel zum Bau der Strecken wurden im Dresdener Stammhaus der A.-G. Elektricitätswerke die für die Märkische Straßenbahn bestimmten Motor- und Anhängewagen gebaut. Im Oktober 1898 wurden die ersten Fahrzeuge ausgeliefert. In Anlehnung an das Wittener Stadtwappen waren sie in einem leuchtend roten Farbton lackiert.

Mit Triebwagen 14 wurde am 17. Oktober 1898 die Anlieferung der ersten Fahrzeuge der Märkischen Straßenbahn in Anwesenheit zahlreicher Ehrengäste am Wittener Rathaus inszeniert. Der Transport vom Hersteller in Dresden nach Witten erfolgte mit der Eisenbahn.

Das offizielle Eröffnungsbild der Märkischen Straßenbahn entstand am 5. Januar 1899 am Bahnhof Bommern. Angeführt wurde der Eröffnungskorso von Triebwagen 13. Zu diesem Zeitpunkt ahnte keiner der Beteiligten, dass die Bahn schon bald in wirtschaftliche Schwierigkeiten geraten würde.

Ein weiteres Bild mit den zur Eröffnungsfahrt eingeladenen Honoratioren entstand vor dem „Hotel Voss" an der Wittener Ruhrstraße. Um für das Foto genügend Abstand zu haben, musste der Fotograf durch das Tor des Hotels fotografieren, hinter dem sich damals ein prächtiger Garten befand.

Abnahme und Eröffnung

Am 4. Januar 1899 wurden die Stammstrecken der Märkischen Straßenbahn von den Aufsichtsbehörden technisch abgenommen. Dies waren die Verbindung von Bommern über Witten nach Langendreer Nord, eine Stichstrecke vom Rathaus über die Bahnhofsstraße zum Wittener Bahnhof sowie die noch nicht ganz fertiggestellte Strecke vom Denkmal in Langendreer nach Uemmingen.

Die Abnahmefahrt wurde feierlich inszeniert. Sie führte mit festlich geschmückten Wagen zunächst vom „Hotel Voss“ nach Bommern. Nach dem vor dem dortigen Bahnhof aufgenommenen offiziellen Foto fuhr man weiter zum Betriebshof, wo alle Teilnehmer zu einem Frühstück eingeladen waren. Am Nachmittag folgte die Bereisung der Strecke nach Langendreer und Uemmingen.

Das „Wittener Tageblatt“ berichtete am 5. Januar 1899 ausführlich über die Ereignisse am Vortag. Die Vertreter der Königlichen Regierung in Arnsberg und der Königlichen Eisenbahndirektion Essen waren mit dem Zug nach Witten gereist. Weitere Teilnehmer der Abnahmefahrten waren die Mitglieder der Straßenbahn-Kommission und die Vertreter der A.-G. Elektrizitätswerke, unter ihnen auch der Firmengründer Kommerzialrat Oskar Ludwig Kummer, für den die Märkische Straßenbahn ein Prestigeprojekt war.

Nach der Rückkehr zum „Hotel Voss“ wurden die Abnahmeprotokolle aufgesetzt. Den Abschluss des ereignisreichen Tages bildete ein Festmahl, in dessen Verlauf sich alle Beteiligten zum guten Gelingen des Straßenbahnprojektes gratulierten.

Am 5. Januar 1899 wurden die ersten öffentlichen Fahrten auf den Wittener Straßenbahnstrecken durchgeführt. Die Betriebsverwaltung der Märkischen Straßenbahn hatte die Bevölkerung darauf bereits am 4. Januar 1899 mit einer großformatigen Zeitungsanzeige im „Wittener Tageblatt“ vorbereitet.

Es gehört zu den Kuriositäten der Märkischen Straßenbahn, dass in der Bekanntmachung der Tarif und das Haltestellenverzeichnis auch für Strecken veröffentlicht wurden, die sich 1899 erst im Bau befanden, insbesondere für die Verbindung von Witten nach Annen, für die Verlängerung der Stammstrecke vom Bahnhof Bommern zum Kriegerdenkmal sowie vom Rheinischen Bahnhof in Langendreer zur Wirtschaft Kranefeld in Lütgendortmund.

Für den Betrieb des Netzes waren danach drei Linien vorgesehen:

Linie 1: Bommern–Witten–Langendreer–Lütgendortmund

Linie 2: Witten–Annen

Linie 3: Langendreer Dorf–Langendreer Bahnhof–Uemmingen

Gleichwohl gab es bei der Märkischen Straßenbahn in der Anfangszeit keine Liniennummern. Die Fahrtziele wurden an den Stirnfronten angegeben. Der Fahrweg wurde auf Seitenschildern an der Dachkante beschrieben.

Witten Markt–Bommern

Zum Zeitpunkt der Eröffnung war die geplante Strecke zwischen dem Bahnhof Bommern der 1874 eröffneten Unteren Ruhrtalbahn und dem Kriegerdenkmal in Bommern noch nicht fertiggestellt. Deshalb lag die Endstelle der Straßenbahn unmittelbar am niveaugleichen Bahnübergang in der Ruhrmannstraße.

Nach rund 250 Metern Fahrt am südlichen Ruhrufer entlang erreichte die Straßenbahn die Ausweiche an der Ausflugsgaststätte „Bellevue“. Über eine 90-Grad-Kurve folgten die Querung der Ruhr über die drei Bögen der Ruhrbrücke, dann die Ausweiche am Wasserwerk. In diesem Bereich befand sich um die Jahrhundertwende ein bei den Wittener Bürgern sehr beliebtes Strandbad.

Anschließend führte die Straßenbahnstrecke über die von alten Bäumen bestandene Ruhrallee bis zur Überführung der am 20. Dezember 1848 eröffneten Bergisch-Märkischen Bahnstrecke. Sie lag unmittelbar hinter der Kreuzung mit der Gas- und Wetterstraße.

Im Verlauf der nach der Bahnüberführung folgenden Steigungsstrecke passierte die Straßenbahn das zu dieser Zeit industriell genutzte, auf das Jahr 1470 zurückgehende ehemalige Rittergut Haus Berge. Ein weiteres, bemerkenswertes Gebäude auf diesem Streckenabschnitt war die seit 1985 unter Denkmalschutz stehende Villa Lohmann aus dem Jahr 1873 und schließlich das „Hotel Voss“.

An die Stelle der freistehenden Unternehmervillen an der unteren Ruhrstraße traten jetzt dicht aneinandergebaute Wohn- und Geschäftshäuser. Nach 300 Metern Fahrt wurde die Ausweiche am Wittener Markt erreicht.

Zwischen der Ruhrbrücke und dem Wittener Markt lag das Gleis der Straßenbahn durchgehend auf der stadteinwärts rechten, östlichen Straßenseite. Für die in der Regel etwa 80 Meter langen Ausweichstellen wurden anfangs symmetrische Weichen verwendet. Die damit einhergehende Standardisierung ermöglichte niedrige Baukosten. Später führten die symmetrischen Weichen zu einer hohen Abnutzung an Fahrzeugen und Gleisen: Für die Einfahrt von den am Straßenrand verlegten Streckengleisen in eine Ausweiche war eine Gleisverschwenkung erforderlich. Diese wiederum führte zu hohen Fliehkräften, die wiederum verschleißtreibend auf die Außenbögen und die Weichenzungen wirkten.

Die Ruhrbrücke in Bommern wurde 1881 von der in Duisburg ansässigen Aktiengesellschaft für Eisenindustrie und Brückenbau J.C. Harkort konstruiert und 1882 fertiggestellt. Für ihre Nutzung musste die Märkische Straßenbahn pro Fahrt 6 Pfennig Brückenzoll entrichten.

Dieses, im Frühjahr 1904 aufgenommene Postkartenmotiv, zeigt einen Triebwagen der Erstausstattung auf der Ruhrbrücke. Rechts ist die Hütte des Brückenwärters zu erkennen.

Zwischen der heutigen Straße Ruhrdeich und der Kreuzung mit der Gas- und Wetterstraße überquerte die Straßenbahn den Mühlengraben.

Die untere Ruhrstraße war um die Jahrhundertwende eine von hohen Bäumen gesäumte Allee. An der Kreuzung mit der Gas- und Wetterstraße betrieb Gerd Mollenbach einen Kiosk (rechts). Das Gebäude im Hintergrund beherbergte die von Wilhelm Schwiermann betriebene Wirtschaft „Zum Ruhrtal". Vor dem Haus lag die Ausweiche Wetterstraße.

Nach der Unterquerung der Bergisch-Märkischen Eisenbahn begann der lange Anstieg vom Ruhrtal zum Wittener Stadtzentrum. Rechts das Gebäudeensemble von Haus Berge.

Zwischen dem Haus Berge und der folgenden Ausweiche vor dem „Hotel Voss" prägten repräsentative Unternehmervillen das Bild der Ruhrstraße. Hier ist Triebwagen 6 in Höhe der heutigen Kreuzung der Ruhrstraße mit der damaligen Blücher- und Kampstraße (heute Husemann- und Bergerstraße) unterwegs.

Nördlich vom „Hotel Voss" prägte eine dichte Bebauung mit Wohn- und Geschäftshäusern die Ruhrstraße. Triebwagen 13 hat in wenigen Momenten das Wittener Rathaus erreicht.

◄ Auf dieser Ansichtskarte ist an der Ausweiche vor dem „Hotel Voss" eine der symmetrischen Weichen der Märkischen Straßenbahn zu erkennen. Aus der Perspektive des Fotografen wird der voranfahrende Motorwagen aufgrund der Gleisverschwenkung vollständig vom Anhängewagen verdeckt.

Witten Markt–Langendreer Nord

Zeitgleich mit der Eröffnung der Strecke vom Wittener Markt zum Bahnhof Bommern wurde am 5. Januar 1899 auch der Streckenast nach Langendreer in Betrieb genommen. Auch auf diesem Teilstück lag das Straßenbahngleis überwiegend auf der östlichen Straßenseite.

Unmittelbar am Markt passierte die Strecke zunächst die Johanniskirche. Dann wurde sie über die Augustastraße und die Breite Straße auf die Crengeldanzstraße geführt. Kurz darauf überquerte die Straßenbahn die damalige Gemeindegrenze zwischen Witten und dem bis 1929 zur Gemeinde Langendreer gehörenden Weiler Krone, bevor die Einfahrt zum Betriebshof erreicht wurde.

Nach der Unterquerung der Bergisch-Märkischen Bahnstrecke von Witten über Annen nach Dortmund folgte die Einfahrt in die rund 80 Meter lange Ausweiche Crengeldanz. Die Haltestelle in diesem Bereich ist bis heute nach der Grundherrschaft Haus Crengeldanz benannt, zu der dieser Teil der heutigen Stadt Witten ursprünglich gehörte.

Durch die Ansiedlung der Glasfabrik Müllensiefen und der Ziegelei Mayweg, auf deren Gelände das Straßenbahndepot errichtet wurde, wuchs die Bevölkerung ab Mitte des 19. Jahrhunderts erheblich an. Bis heute prägen einige der um die Jahrhundertwende entstandenen Bauten das Stadtbild.

Nach der Haltestelle Crengeldanz fuhr die Straßenbahn zunächst ein kurzes Stück über die heutige Hörder Straße. Über die damalige Wittener Straße (heute Langendreerstraße) wurde die Hauptstraße erreicht, die unmittelbar in das Dorfzentrum von Langendreer führte. Unmittelbar vor der Einmündung der Strecke in die Hauptstraße befand sich in der Wittener Straße eine weitere Ausweiche.

In der Hauptstraße lag das Gleis am westlichen Straßenrand. Von der Ausweiche vor dem Kriegerdenkmal in Langendreer wurde die Strecke noch rund 500 Meter weiter nach Norden geführt. Hier kreuzte die Straße von Langendreer nach Castrop die am 26. Oktober 1896 eröffnete und später über Bochum weiter nach Westen geführte Bahnstrecke Witten–Langendreer der Bergisch-Märkischen Eisenbahn-Gesellschaft sowie die am 19. November 1874 von der Rheinischen Eisenbahn-Gesellschaft eröffnete Bahnstrecke von Bochum-Nord über Langendreer nach Dortmund-Süd.

Für die Straßenbahn war der Übergang nicht passierbar. Ihre Endstelle lag unmittelbar vor dem Bahnübergang auf der westlichen Straßenseite. Einige Meter weiter östlich befindet sich heute die Endstelle Langendreer Bahnhof der Linien 302, 305, 309 und 310.

Unterhalb der evangelischen Johanniskirche befand sich im 17. und 18. Jahrhundert der Wittener Kornmarkt. Vor dem Straßenbahnwagen ist der Sackträgerbrunnen zu erkennen. Die Figur des Sackträgers wurde 1911 von dem Sigmaringer Bildhauer Franz Marmon entworfen und erinnert an den Getreideumschlag in der Stadt. 1912 wurde der Brunnen auf dem Kornmarkt gebaut. Bei der Anlage des Wittener Busbahnhofs Anfang der 1950er-Jahre wurde die Skulptur an den Rand des Platzes verschoben. Nachdem der Sackträger in den folgenden Jahren mehrfach versetzt wurde, errichtete die Stadt Witten 1990 eine neue Brunnenschale in der Heilenstraße.

Ausgangspunkt des nördlichen Streckenastes war der heutige Alte Markt. Anfang des 20. Jahrhunderts schickten die im ländlichen Raum angeworbenen Industriearbeiter vielfach sogenannte Pumpernickel-Ansichtskarten aus dem Ruhrgebiet an die Verwandten zu Hause. Sie suggerierten Lebensfreude und Wohlstand. Auf dieser Karte wurde das Pumpernickel-Motiv mit dem Foto eines aus Langendreer kommenden Straßenbahnwagens kombiniert.

Erst 1935 wurde diese Postkarte mit dem Motiv eines Motorwagens der Märkischen Straßenbahn in der Augustastraße verschickt. Zu diesem Zeitpunkt hatte eine neue Linienführung über die Hauptstraße dieses Streckenstück bereits ersetzt.

Carl Midecke betrieb um die Jahrhundertwende ein Colonialwaren- und Lebensmittelgeschäft. Heute ist das in Höhe der Einmündung der Straße Ortheck aufgenommene Motiv mit Postkutsche und Straßenbahn kaum wiederzuerkennen. Das Eckhaus im Hintergrund ist noch vorhanden, aber verputzt.

Die Crengeldanzstraße in Höhe der nach rechts abzweigenden Breiten Straße: Am Horizont ist das Marienhospital zu erkennen. Ein interessantes technisches Detail der Märkischen Straßenbahn ist auch auf diesem Motiv die mit standardisierten Y-Weichen angelegte Ausweiche.

Diese Ansichtskarte zeigt den Streckenabschnitt zwischen der Ausweiche Langendreer Denkmal und der im Haltestellenplan als „Bergisch-Märkischer Niveau-Übergang" bezeichneten Endstelle. Im Hintergrund erhebt sich die Abraumhalde der Zeche Bruchstraße.

Langendreer–Bahnhof–Uemmingen–Laer Provinzialstraße

Am 11. Januar 1899, knapp eine Woche nach der Eröffnung der Stammstrecke von Bommern nach Langendreer, wurden die Weiterführung des Streckennetzes vom Denkmal in Langendreer über die Kaiserstraße zum Bahnhof Langendreer sowie die Fortsetzung von dort nach Uemmingen in Betrieb genommen. Die später als „Langendreer Süd“ bezeichnete Bahnstation war 1860 durch die Bergisch-Märkische Eisenbahn-Gesellschaft eröffnet worden. Heute befindet sich an ihrer Stelle der S-Bahn-Haltepunkt Langendreer-West.

Um die Jahrhundertwende wurde der Platz am Bahnhof Langendreer als „Eintrachtplatz“ bezeichnet. Von diesem aus führte ab 1885 eine Fußgängerbrücke über die ausgedehnten Bahnanlagen. Ihr gab der Volksmund die Bezeichnung „Kaisersteg“. Diese Ortsangabe war populär genug, um später auch von der Straßenbahn übernommen zu werden. Der Kaisersteg wurde am 2. August 1964 demontiert und 1965 durch einen Fußgängertunnel ersetzt.

Über eine Spitzkehre wechselten die Straßenbahnwagen vor der Weiterfahrt nach Uemmingen ihre Fahrtrichtung. Das Gleis wechselte am Eintrachtplatz auf die rechte, westliche Seite der heutigen Ümminger Straße. Um dem Personal das Umlegen der Stangenstromabnehmer zu ersparen, hatte die A.-G. Elektricitätswerke ein Oberleitungs-Dreieck installiert: Bei der Einfahrt in die Spitzkehre wurde der Rollenstromabnehmer von einem speziell konstruierten Führungsstück, einer sogenannten Luftweiche, bei der Hin- und Rückfahrt jeweils in die richtige Richtung gedreht.

Die Weiterführung der Straßenbahnlinie vom Bahnhof Langendreer zur Endstelle Laer führte über den „Communicationsweg nach Uemmingen“. Er verband den Bergisch-Märkischen Bahnhof in Langendreer mit der Zeche „Colonia“ (Aufnahme der Förderung 1869, ab 1877 „Mansfeld“, stillgelegt 1963) und der Gemeinde Uemmingen. Den Namen „Uemminger Straße“ erhielt der zeitgleich mit der Anlage der Straßenbahn ausgebaute Straßenzug erst 1903.

Die Endstelle der Märkischen Straßenbahn lag anfangs unmittelbar vor der Uemminger Brauerei. Am 21. Dezember 1901 wurde die Strecke von hier bis zur Provinzialstraße Laer–Witten weitergeführt, um eine Übergangsmöglichkeit zu der ab 1901 über die Provinzialstraße geführten Straßenbahnlinie der Bochum-Gelsenkirchener Straßenbahnen AG von Laer nach Witten herzustellen. Daran hatte insbesondere die Gemeinde Laer Interesse. Sie war ab dem 24. November 1899 an der Märkischen Straßenbahn beteiligt. An einer Gleisverbindung waren die Verkehrsbetriebe nicht interessiert. Sie wäre aufgrund der unterschiedlichen Ausführung der Oberleitung auch technisch nicht möglich gewesen.

Auf ihrem Weg über die Kaiserstraße zum Bergisch-Märkischen Bahnhof Langendreer passiert die Straßenbahn im Ortsbild von Langendreer die aus dem 12. Jahrhundert stammende Christuskirche.

Ausgangspunkt der Stichstrecke nach Uemmingen war das am 4. Juli 1886 eingeweihte Denkmal für die Gefallenen der Kriege von 1866 und 1870/71. Triebwagen 7 steht hier auf dem von Witten kommenden Streckengleis.

Im Zusammenhang mit der rasanten Entwicklung des Bergbaus sowie der Eisen- und Stahlindustrie in Langendreer entstand im Westen des historischen Ortskerns eine städtische Bebauung. Zahlreiche Gebäude aus dieser Zeit – hier im Bereich der östlichen Kaiserstraße – sind bis heute erhalten. Die Straßenbahn ist auf dem Weg vom Kaiserplatz zur Hauptstraße.

Dieses vermeintlich aus der Luft aufgenommene Motiv wurde vom Turm der 1905 eingeweihten evangelischen Lutherkirche aufgenommen. Sie wurde anschließend ein zweites Mal fotografiert und geschickt in das Bild hineinmontiert. Der Straßenbahnwagen fährt vom Bergisch-Märkischen Bahnhof zum Kaiserplatz. Im Hintergrund rechts zeigt die Ansichtskarte die im Zweiten Weltkrieg zerstörte und 1955 neu geweihte katholische Pfarrkirche St. Marien aus dem Jahr 1902.

Der Kaiserplatz wurde zeitgleich mit dem Bau des neuen 1901 eröffneten Amtshauses angelegt. Als Gegenpol zu dem in schlichter Backsteinarchitektur gestalteten Amtshaus entstand der 1909 fertiggestellte Prachtbau des Amtsgerichts. Am Rand des Kaiserplatzes lag eine Ausweiche der Straßenbahn.

Die Kaiserstraße in Höhe des Bahnhofs Langendreer Süd auf einer am 20. Juni 1902 nach Rheydt verschickten Ansichtskarte. Nach kurzem Halt fuhren die Straßenbahnwagen von hier aus in eine Spitzkehre, um dann ihre Fahrt in Richtung Uemmingen und Laer fortzusetzen.

Die Endstelle der Märkischen Straßenbahn vor der Uemminger Brauerei. Von hier aus wurde die 1899 eröffnete Strecke 1901 bis zur Provinzialstraße verlängert. Da diese, anders als der nordöstliche Teil des Dorfes Uemmingen, bereits auf der Gemarkung Laer lag, führte die Märkische Straßenbahn nunmehr das Zielschild „Laer" ein.

Vor dem von Josef Knipping betriebenen „Kaiserhof" wartet Triebwagen 15 der Märkischen Straßenbahn als Pendelwagen auf der Strecke Langendreer Süd–Uemmingen–Laer auf Fahrgäste. Die Ansichtskarte wurde am 3. März 1904 nach Cassel verschickt.

Von Bochum nach Crengeldanz

Bereits im November 1894 eröffnete das Berliner Unternehmen Siemens & Halske die Straßenbahn von Bochum nach Herne. Ab dem 11. Februar 1896 lenkte die Bochum-Gelsenkirchener Straßenbahnen AG die Geschicke des Nahverkehrs in Wittens Nachbarstadt.

Am 3. August 1898 ging die 4,51 Kilometer lange Strecke vom Bochumer Rathaus nach Laer in Betrieb. Am 22. Februar 1901 wurde diese um weitere 5,2 Kilometer in die damals zum Landkreis Witten gehörende Gemeinde Werne ergänzt. Ein über die Provinzialstraße geführter, 4,19 Kilometer langer Streckenast von Laer über Uemmingen bis zu der von Karl Springborn an der Bochumer Straße betriebenen Gastwirtschaft wurde am 21. Dezember 1901 dem Betrieb übergeben.

Die Eisenbahndirektion untersagte der Straßenbahn die niveaugleiche Kreuzung der stark befahrenen Eisenbahnstrecke von Witten nach Langendreer. Der in Konkurrenz zur Bochum-Gelsenkirchener Straßenbahnen AG stehenden Märkischen Straßenbahn war das nur recht, obwohl sich Wittens Bürgermeister Dr. Gustav Haarmann vehement für eine Weiterführung der Bochumer Linie bis zur Strecke der Märkischen Straßenbahn an der Brauerei Dönhoff einsetzte.

Schließlich einigten sich Stadt und Eisenbahn auf den Bau einer elf Meter breiten Straßenunterführung. Am 1. Juli 1906 wurde die Bochumer Straßenbahn um 165 Meter verlängert und bis auf 2,60 Meter an die Gleise der Märkischen Straßenbahn herangeführt. Eine Verbindung an der im Volksmund „Crengeldanz“ genannten Haltestelle gab es nicht.

In Laer teilte sich der östliche Streckenast des Bochumer Straßenbahnnetzes in die nach Werne führende Linie 5 und die Linie 4 in Richtung Witten. Die Liniennummern wurden in Bochum ab 1907 eingeführt.

Für die Verbindung vom Markt zum Bahnhof genügte anfangs ein Pendelwagen. Diese Ansichtskarte entstand 1905 vor dem Kaiserlichen Post- und Telegraphenamt.

Vom Markt zum Bahnhof

Die wichtigsten Geschäftsstraßen in der Wittener Innenstadt waren um die Jahrhundertwende die Ruhrstraße und die Bahnhofstraße. Letztere verband den Marktplatz am Wittener Rathaus mit dem im Westen der Innenstadt liegenden Bahnhof der Bergisch-Märkischen Eisenbahn-Gesellschaft.

Am Markt hatten sich die großen Kaufhäuser der Stadt etabliert, darunter das im Zweiten Weltkrieg zerstörte Geschäftshaus von Georg Blank. Am westlichen Ende der Bahnhofstraße lag das Kaiserliche Postamt. Das Empfangsgebäude des Personenbahnhofs befand sich zum Zeitpunkt der Eröffnung der Straßenbahn in Höhe des heutigen Stellwerks oberhalb der Herbeder Straße.

Um den Bahnhof an das Straßenbahnnetz anzubinden, wurde zeitgleich mit der Strecke von Bommern nach Langendreer eine rund 530 Meter lange, am Rathaus abzweigende Stichstrecke gebaut. Die Abnahme erfolgte am 4. Januar 1899, der öffentliche Verkehr wurde am 5. Januar 1899 aufgenommen. Das Gleis verlief in Seitenlage auf der Nordseite der Bahnhofstraße. Ausweichen gab es am Bahnhof, in Höhe der Bismarckstraße und am Markt.

Witten Markt–Annen Süd

Am 4. März 1899, zwei Monate nach der Eröffnung der Stammstrecke der Märkischen Straßenbahn, konnte mit der Strecke vom Markt nach Annen die West-Ost-Achse im Netz der Märkischen Straßenbahn eröffnet werden. Die landespolizeiliche Abnahme der rund 3,8 Kilometer langen Verbindung erfolgte einen Tag später, am 5. März 1899.

Die neue Strecke wurde am Wittener Rathaus an die bereits seit Januar befahrene Strecke zum Bahnhof Witten angebunden. Über die Johannisstraße führte nun der neue Linienweg zunächst bis zur Kreuzung mit der Ardeystraße. In diesem Abschnitt lag das Gleis auf der südlichen Straßenseite. In Höhe der Einmündung der Winkelstraße befand sich eine erste Ausweiche. Über die Pferdebachstraße wurden die Ausweiche Schlachthofstraße und der 1880 durch die Rheinische Eisenbahn-Gesellschaft eröffnete Bahnhof Witten-Ost erreicht. Bis hierhin wurde die Strecke im 10-Minuten-Takt befahren.

In Höhe des Diakonissenhauses, dem Vorläufer des späteren Evangelischen Krankenhauses, verließ die Strecke die Pferdebachstraße. Weiter ging es über die Feld- und Krumme Straße (heute Diakonissenstraße), die Rheinische Straße (heute teilweise Dortmunder Straße und Wittener Bruch), die Wullenstraße (heute Westfalenstraße) und die Roonstraße (heute Erlenweg) zur Wittener Straße (heute Annenstraße). Auf diesem Streckenabschnitt lagen die Gleise durchgehend auf der stadtauswärts linken Straßenseite. Ausweichen gab es in der Wullenstraße und an der Haltestelle in Höhe der Einmündung der damaligen Werderstraße (heute Robert-Koch-Straße).

Über die Wittener Straße wurde der Bahnhof Annen Nord an der ehemaligen Bergisch-Märkischen Eisenbahn erreicht. Die Gleise der Straßenbahn lagen auf diesem Streckenstück auf der südlichen, stadtauswärts rechten Straßenseite.

Unmittelbar vor der Endstelle am Bahnhof kreuzte die Straßenbahn das Anschlussgleis der Zeche „Vereinigte Hamburg & Franziska“.

Kurz vor der Einmündung der Winkelstraße befand sich die erste Ausweiche auf dem Weg nach Annen. ▸
Hier ist 1906 der 1898 gebaute Triebwagen 14 nach Annen unterwegs. Die Führerstände sind zu diesem Zeitpunkt bereits geschlossen.

Ausgangspunkt der Strecke nach Annen Süd war der Wittener Marktplatz. Links hinter dem Straßenbahnwagen ist auf dieser, um die Jahrhundertwerde verkauften Ansichtskarte das Wittener Rathaus zu sehen. Es wurde später um ein weiteres Stockwerk ergänzt.

Triebwagen 14 an der Haltestelle Bahnhof Annen Nord. Im Hintergrund links sind die Anlagen der Zeche „Vereinigte Hamburg & Franziska" zu erkennen.

Ein beliebtes Ansichtskartenmotiv in Annen war der Kreuzungsbereich der Wittener Straße und der Bismarckstraße. Die gute Aussicht bot sich vom Turm der am 30. Juni 1892 konsekrierten katholischen Pfarrkirche St. Joseph. Die Kolorierung des Motorwagens kommt der tatsächlichen Farbgebung der Märkischen Straßenbahnwagen recht nahe.

Der 1899 veröffentlichte Fahrplan der Märkischen Straßenbahn kannte bereits das Fahrtziel Annen Süd. Tatsächlich reichte das Gleis in der Anfangszeit nur bis zur Ausweiche vor der Restauration von Fritz Koch unmittelbar an der Einmündung der heutigen Kreisstraße. Als auf dessen Grundstück ein Neubau entstand, wurde die Endstelle um einige Meter nach Norden verlegt. Die Farbgebung und Nummerierung des Triebwagens sind nicht authentisch.

Nach der Weiterführung der Strecke in Bommern wurde die Haltestelle am Bahnhof vor den Gasthof von Wilhelm Schulze verlegt. Triebwagen 43 ist nach Lütgendortmund ausgeschildert, obwohl dieses Ziel nur durch einen Umstieg in Langendreer Nord erreicht werden konnte.

Die neue Endstelle in Bommern lag unmittelbar vor dem Kriegerdenkmal. Das Foto mit den festlich gekleideten Herren entstand am 26. Juli 1901, als der 1861 gegründete Männergesangverein „Glück auf" seinen 40. Jahrestag feierte. Dazu wurden befreundete Chöre aus der ganzen Umgebung eingeladen. Rechts neben der an der Endstelle wartenden Straßenbahn ist das mit Schiefer verkleidete Gebäude der Gaststätte von Carl August Brinkhoff zu erkennen. 1904 übernahm Heinrich Becker die Gaststätte und den benachbarten Festsaal.

Bommern Denkmal

Am 9. Mai 1899 konnte in Bommern die lang ersehnte Weiterführung der Straßenbahnstrecke zur neuen Endstelle Bommern Denkmal eröffnet werden. Das Gleisnetz wuchs dadurch um rund 890 Meter. Voraussetzung für den Ausbau nach Süden war die Fertigstellung des niveaugleichen Bahnübergangs mit der Ruhrtalbahn am Bahnhof Bommern.

Das Gleis verlief zwischen dem Bahnübergang und dem neuen Endpunkt durchgehend auf der stadtauswärts linken, östlichen Seite der Brenschenstraße (heute Auf dem Brenschen).

Das 1888 im Gedenken an die Gefallenen der Kriege von 1864/66 und 1870/71 errichtete Denkmal schmückte ursprünglich eine Statue der Jungfrau Germania. Es entsprach dem Zeitgeschmack des 19. Jahrhunderts. Die demokratische Bewegung sah in ihr ein Symbol für den Aufbruch des neu geformten Nationalstaats. Die Haltestellenbezeichnung hat sich bis heute erhalten. Das Denkmal wurde 1962 beim Ausbau des Kreuzungsbereichs von Bodenborn, Elberfelder Straße und Wengernstraße entfernt.

Von der Weiterführung der Strecke profitierten insbesondere die zahlreichen Ausflugsgaststätten in Bommern. Der 1913 von der Westfälischen Straßenbahn geplante Ausbau des Streckennetzes von Bommern nach Wengern, Wetter und Herdecke scheiterte.

Motor- und Anhängewagen

Zur Erstausstattung der Märkischen Straßenbahn gehörten 23 Motorwagen und 12 Anhängewagen. Die 7,37 Meter langen, bei der A.-G. Elektricitätswerke (vorm. O. L. Kummer & Co.) in Dresden-Niedersedlitz gebauten Triebwagen wurden in zwei Varianten geliefert. 14 Motorwagen der Erstausstattung waren für den Wittener Stadtverkehr bestimmt. Neun weitere Triebwagen wurden für den Einsatz auf der steigungsreichen Linie von Bommern nach Langendreer mit einer Erregerbatterie ausgestattet, mit deren Hilfe die Fahrmotoren vom Typ Fs als Generatoren arbeiten konnten und so eine Stromwiedergewinnung bei der Talfahrt ermöglichten.

Alle Wagen verfügten über einen elektrisch beheizbaren, elegant ausgestatteten Wagenkasten mit 14 Sitz- und 16 Stehplätzen sowie über eine elektrische Beleuchtung. Die Plattformen der Motorwagen waren an der Frontseite verglast. Zum technischen Standard gehörte die Ausstattung aller Fahrzeuge mit mechanischer und elektrischer Bremse.

Die 12 Anhängewagen wurden von der Wagenbauanstalt und Waggonfabrik für elektrische Bahnen vorm. W. C. F. Busch in Bautzen hergestellt. Sechs Anhängewagen hatten ganzjährig geschlossene Wagenkästen (Nummer 1 bis 6). Sechs weitere Beiwagen (Nummer 7 bis 12) konnten durch das Abnehmen der Seitenwände zu Sommerwagen umgerüstet werden.

Die Fahrgestelle der Motorwagen, die Fahrmotoren der Typen Fs und Ts sowie die mit sieben Fahr- und vier Bremsstufen ausgestatteten Fahrschalter waren Eigenentwicklungen der A.-G. Elektricitätswerke. Die Maximalleistung der Motoren betrug 35 PS (26 kW). Damit sollte ein voll besetzter Motorwagen in der Lage sein, einen voll besetzten Anhängewagen mit einer Geschwindigkeit von 10 km/h zu befördern. Zur Stromabnahme wurden Rollenstromabnehmer montiert.

Bis 1901 wurde die Zahl der Motorwagen auf 40 Fahrzeuge aufgestockt. Für die zuletzt gebauten Fahrzeuge kamen die Fahrgestelle und Wagenkästen aus Bautzen, während die A.-G. Elektricitätswerke die elektrische Ausrüstung lieferte. Bereits 1902 mussten die störungsanfälligen Fahrschalter ersetzt werden. Ab 1904 wurden bei allen Fahrzeugen die Führerstände vollständig geschlossen.

Nach der Übernahme der Märkischen Straßenbahn durch die Westfälische Straßenbahn wurden auch die Fahrgestelle umgebaut. Ursprünglich trugen sechs Blattfedern den Wagenkasten. Die zur gleichmäßigen Lastverteilung gewählte Anordnung bewährte sich bei der ursprünglich vorgesehenen Geschwindigkeit von 10 bis 15 km/h. Bei den später üblichen, höheren Geschwindigkeiten machte sich der Nachteil dieser Anordnung bemerkbar. Jetzt führte die verteilte Federung des Wagenkastens beim Anfahren- und Bremsen zum „Nicken“. Vom Fahrpersonal und von den Fahrgästen wurde das Auf und Ab als unangenehm empfunden. In Verbindung mit dem kurzen Achsstand von 1,7 Metern stieg das Entgleisungsrisiko.

Bei den Umbauten wurde der Achsstand beibehalten. Als Verbindung zwischen Fahrgestell und Wagenkasten kamen nur noch vier steifere Blattfedern zum Einsatz. Die Befestigungspunkte wurden näher an die Führerstände gerückt. In den aus Stahlträgern genieteten Fahrwerken wirkten jetzt Fahrmotore der Siemens-Schuckertwerke (SSW). Die Rollenstromabnehmer wurden gegen Schleifbügel getauscht.

Für einen Fachartikel in der „Elektrotechnischen Zeitschrift" wurde Triebwagen 16 der Märkischen Straßenbahn im Werkhof der A.-G. Elektrizitätswerke in Dresden-Niedersedlitz fotografiert. Die verteilte Federung ist deutlich zu erkennen. Die Triebwagen wurden bis 1929 ausgemustert.

Von den geschlossenen Anhängewagen gelangten 1916 drei nach Linz/Donau. Fünf Sommerbeiwagen wurden 1916 nach Münster abgegeben, einen Wagen erhielten 1921 die Hattinger Kreisbahnen. In Münster kamen die Beiwagen der Märkischen Straßenbahn als Suppenwagen zum Einsatz.

Betriebshof Witten

Im Oktober 1897 richtete die A.-G. Elektricitätswerke auf einem ehemaligen Ziegeleigelände an der Crengeldanzstraße das Baulager für die Märkische Straßenbahn ein. Kurz darauf wurde auf dem Grundstück der Betriebshof errichtet.

Kernstück der Anlage war die mit einer Fläche von 1.595 Quadratmetern sehr großzügig bemessene Wagenhalle mit fünf Aufstellgleisen für 42 Wagen. In der angegliederten Werkstatt konnten bis zu vier Wagen zeitgleich gewartet werden. Auf der Südseite der Wagenhalle wurde die Kraftzentrale errichtet, die über ein Anschlussgleis der von Witten über Annen nach Dortmund führenden Bergisch-Märkischen Eisenbahnstrecke mit Kohle versorgt wurde.

Zur Stromversorgung wurden in der Kraftzentrale drei Dampfkessel mit 90 Quadratmetern Heizfläche installiert. Der Dampf wurde zur Speisung von zwei Hochdruck-Verbunddampfmaschinen mit einer Dauerleistung von jeweils 300 PS (220 kW) verwendet. Die mittels Transmissionsriemen an die Dampfmaschinen angeschlossenen Generatoren (Erreger-Dynamomaschinen) erzeugten den Bahnstrom mit einer Normalspannung von 560 Volt bei 430 Ampere.

Zu den Betriebseinrichtungen gehörten neben den technischen Anlagen auch ein Verwaltungsgebäude sowie eine Wohnung für den Leiter des Betriebshofes.

Bereits bei der Planung des Betriebshofes berücksichtigte man an einen späteren Ausbau: Auf der Ostseite der Wagenhalle war anfangs ausreichend Platz für vier weitere Gleise. In der Kraftzentrale gab es die Option, zwei weitere Dampfkessel zu installieren.

Am 3. Juni 1973 wurde der Straßenbahnbetrieb im Betriebshof Witten eingestellt. Zuletzt waren dort noch 14 Straßenbahnwagen für die Linien des Wittener Netzes der Bochum-Gelsenkirchener Straßenbahnen AG beheimatet. Die Wagenhalle ist ebenso wie das Verwaltungs- und Wohngebäude bis heute erhalten.

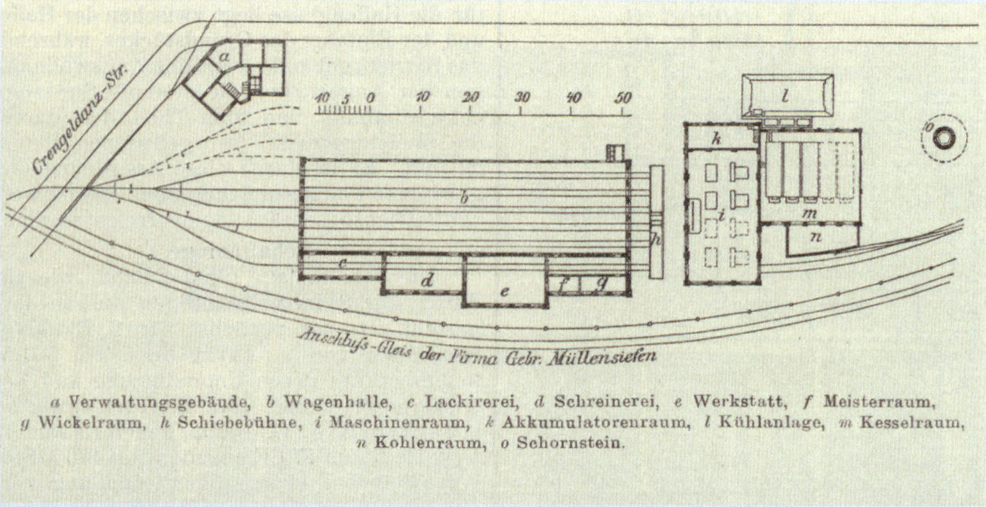

Einen detaillierten Plan des Betriebshofs Witten veröffentlichte Max Schiemann 1899 in der in Berlin verlegten „Elektrotechnischen Zeitschrift".

Fahrzeugparade vor dem Betriebshof Witten aus Anlass der Eröffnung.

Auf der Innenansicht der Wagenhalle ist zwischen den Triebwagen 7 und 20 ein Beiwagen zu erkennen.

Im Maschinenraum der Kraftzentrale wurden die zwei stehenden Dampfmaschinen mit den angeflanschten Generatoren installiert.

Langendreer Süd–Werne–Lütgendortmund Markt

Um den Jahreswechsel 1899/1900 begann die Märkische Straßenbahn mit dem Bau einer neuen Strecke vom Bahnhof Langendreer Süd über Werne nach Lütgendortmund. Dies lag insbesondere im Interesse der Gemeinden Werne und Laer. Werne war ab 1898, Laer ab 1899 an der Märkischen Straßenbahn beteiligt.

Von der Spitzkehre am Bahnhof Langendreer Süd wurde die neue Strecke zunächst für einige Meter neben dem Eisenbahndamm zur Gasstraße geführt. Die historische Trasse ist heute mit der S-Bahn-Strecke überbaut. Sie verlief parallel zur heutigen Straße Im Uhlenweg. Im Verlauf der Gasstraße unterquerte die Straßenbahnstrecke zunächst die Gleise der ehemaligen Bergisch-Märkischen Eisenbahn-Gesellschaft und dann die der ehemaligen Rheinischen Eisenbahn-Gesellschaft.

Über die ehemalige Bahnhofstraße (seit 1929 Heinrich-Gustav-Straße) und die Werner Kaiserstraße (von 1919 bis 1929 Schillerstraße, seit 1929 Kreyenfeldstraße) wurde das Ensemble aus Amtshaus, Post und evangelischer Kirche am Werner Markt erreicht. Im Verlauf der Bahnhofstraße lag das Gleis auf der östlichen Straßenseite. Kurz vor der Einmündung des Flurweges nach Langendreer Nord (später Rheinische Straße, seit 1929 Wallbaumweg) befand sich eine Ausweiche. An der Einmündung zur Kaiserstraße wechselte das Gleis bis zum Markt auf die westliche Straßenseite.

Ausgangspunkt der Straßenbahnstrecke von Langendreer Süd über Werne nach Lütgendortmund war die Spitzkehre am Bahnhof Langendreer Süd. An diesem zentralen Punkt zweigte die Strecke nach Werne von der 1899 eröffneten Stammstrecke Langendreer Denkmal–Uemmingen ab.

Über die stark ansteigende Werner Kaiserstraße wurde das Werner Zentrum erreicht. Die Ansichtskarte aus dem Jahr 1906 zeigt Triebwagen 29 vor dem Amtshaus (links) und dem Turm der in den Jahren 1895 und 1896 errichteten evangelischen Kirche.

Von Laer kommend hatte am 22. Februar 1901 auch die Bochum-Gelsenkirchener Straßenbahnen AG eine Verbindung nach Werne eröffnet. Sie verlief am Werner Markt parallel zur Linie der Märkischen Straßenbahn. Eine Verbindung der Gleisnetze wurde jedoch nicht hergestellt.

Vom Werner Markt fuhr die Märkische Straßenbahn in südlicher Seitenlage über die Fortsetzung der Kaiserstraße (heute Kreyenfeldstraße) bis zur Hellwegstraße (heute Werner Hellweg). Hier, in Höhe des von der Witwe des Gastronomen Friedrich Berg betriebenen Gasthofes „Unter den Linden“, traf die Märkische Straßenbahn erneut auf die Strecke der Bochum-Gelsenkirchener Straßenbahnen AG. Deren Endstelle Werne Berg lag wenige Meter von der Einmündung der Kaiserstraße entfernt in der Hellwegstraße.

In weiterhin südlicher Seitenlage des heutigen Werner Hellwegs und des anschließenden Lütgendortmunder Hellwegs erreichte die Straßenbahn in Höhe der Wirtschaft „Büchter“ die Kreuzung mit der Provinzialstraße. Hier wurde der Anschluss an die Betriebsstrecke vom Rheinischen Bahnhof in Langendreer Nord zum Baulager Lütgendortmund hergestellt.

In Höhe der Einmündung der Lütgendortmunder Kaiserstraße (heute Werner Straße) verließ die Trasse die Provinzialstraße. Die mit einem Umsetzgleis ausgestattete Endstelle Lütgendortmund Markt lag unmittelbar vor dem Kaiserlichen Postamt in der Kaiserstraße.

Am 11. August 1900 konnte die neue Strecke mit einer Gleislänge von 4,165 Kilometern landespolizeilich abgenommen werden, einen Tag später, am 12. August 1900, erfolgte die Eröffnung für den Personenverkehr. Die Konzession hatte das Regierungspräsidium am 11. April 1899 erteilt.

Am Werner Markt blieben die Strecken der Märkischen Straßenbahn und der Bochum-Gelsenkirchener Straßenbahn ohne Gleisverbindung. In der Bildmitte das 1910 bezugsfertige Manufakturwarengeschäft der Gebrüder Goldschmidt, links davon ein vom „Gasthof Berg" nach Bochum fahrender Straßenbahnwagen, im Vordergrund das Gleis der Märkischen Straßenbahn.

Die Endstelle Lütgendortmund Markt lag unmittelbar vor der Kreuzung von Kaiser- und Wilhelmstraße (heute Limbecker Straße) in Höhe des Kaiserlichen Postamtes.

In Höhe des Gasthofes „Unter den Linden" erreicht der aus der Kaiserstraße kommende Triebwagen 7 der Märkischen Straßenbahn den Werner Hellweg. Die am 14. Juni 1900 aufgegebene Ansichtskarte entstand während der Probefahrten. Die Freigabe der Strecke für den Personenverkehr erfolgte am 12. August 1900.

Langendreer Rheinischer Bahnhof–Kranefeld

Bereits am 2. Januar 1899 veröffentlichte die Märkische Straßenbahn im „Wittener Tageblatt" ein Strecken- und Haltestellenverzeichnis, in dem eine Weiterführung der Strecke von Bommern nach Langendreer über die Provinzialstraße bis zur „Restauration zum krummen Säbel" von Heinrich Kranefeld (heute Provinzialstraße 216) im Lütgendortmunder Norden in Aussicht gestellt wurde.

Der niveaugleiche Bahnübergang am Rheinischen Bahnhof in Langendreer Nord verhinderte jedoch einen durchgehenden Straßenbahnverkehr. Auf der nördlichen Seite der Bahn entstand anfangs lediglich eine Betriebsstrecke vom Rheinischen Bahnhof nach Lütgendortmund. Über diese wurde das Material für den Bau des Nordnetzes zum Baulager Lütgendortmund transportiert.

Nach der Aufnahme des Linienverkehrs zwischen Langendreer Süd und Lütgendortmund Markt wurde die Betriebsstrecke für den Personenverkehr freigegeben. Im Verlauf der Provinzialstraße wurde das Streckennetz zwischen der Einmündung der Kaiserstraße (Provinzialstraße 90) und der Restauration Kranefeld (Provinzialstraße 216) um 1,2 Kilometer Gleis in nördlicher Richtung ergänzt.

Am 6. September 1900 konnte die Märkische Straßenbahn auf der insgesamt rund drei Kilometer langen Verbindung Langendreer Nord–Kranefeld den regulären Straßenbahnbetrieb aufnehmen. Die Endstelle am Rheinischen Bahnhof bestand anfangs aus einem einfachen Umsetzgleis. Erst als das „Rheinische" Bahnhofsgebäude von 1874 am 1. April 1908 durch den Jugendstil-Neubau des Zentralbahnhofs Langendreer ersetzt wurde, erhielt auch die Straßenbahn eine repräsentative Endstelle.

Konkurs der A.-G. Elektricitätswerke

Während die A.-G. Elektricitätswerke mit technischen Innovationen Standards setzte, hatte man im Finanzbereich keine glückliche Hand. Die Einnahmen der Märkischen Straßenbahn deckten die Betriebsausgaben. Demgegenüber konnten die Pachtzinsen und die Instandhaltungsrücklage nicht erwirtschaftet werden.

Am 15. Juni 1901 musste die Betriebsführerin den Konkurs anmelden. Neben der Märkischen Straßenbahn trugen das Elektrizitätswerk Niederlößnitz, die auf eigene Kosten betriebene Dresdner Vorortbahn sowie der Bau der Lokalbahn Murnau–Oberammergau (1897–1900) zur Insolvenz der A.-G. Elektricitätswerke bei.

Der Konkursverwalter war nicht in der Lage, den Betrieb der Wittener Straßenbahn weiterzuführen. Als Konsequenz musste die Märkische Straßenbahn vom 1. Oktober 1901 an von den beteiligten Gemeinden auf eigene Rechnung weitergeführt werden. Die Verwaltungskommission der Märkischen Straßenbahn wurde daraufhin als oberstes Entscheidungsgremium neu belebt. Die Stadt Witten übernahm die operative Administration und die Betriebsführung.

Diese Darstellung des neuen Vorplatzes und der Straßenbahnendstelle am Zentralbahnhof Langendreer würde man heute als „Artists Impression" bezeichnen.

Im September 1900 war die „Restauration zum krummen Säbel" von Heinrich Kranefeld der nördlichste Punkt im Streckennetz der Märkischen Straßenbahn.

Zur Eröffnung der Strecke nach Castrop wurden Lütgendortmund zwei Ansichtskartenmotive arrangiert. Das obere Motiv zeigt das Zufahrtsgleis zum Betriebshof, rechts zwei Triebwagen auf dem Castroper Streckenast, links einen Triebwagen auf dem Streckenast nach Langendreer und in der Bildmitte einen Triebwagen auf der Strecke Laer–Werne–Kranefeld. Auf dem unteren Motiv ist die gleiche Szenerie in Richtung Norden zu sehen.

Betriebshof Lütgendortmund

Um das Material für den Ausbau des nördlichen Streckennetzes ortsnah lagern zu können, erwarb die Märkische Straßenbahn bereits 1897 ein rund 81 Hektar großes Grundstück zwischen der Castrop-Wittener Provinzialstraße, der heutigen B 235, und einem im Osten daran angrenzenden Feldweg (heute teilweise Am Apelstück). Es wurde zunächst als Lager für den Streckenbau genutzt.

Im Zusammenhang mit der Inbetriebnahme der neuen Strecken im nördlichen Streckennetz wurde das Baulager zu einem zweiten Betriebshof ausgebaut. Zu den Einrichtungen des Depots Lütgendortmund gehörten eine sechsgleisige Wagenhalle, an die sich auf der Südseite eine Werkstatt für kleinere Reparaturen anschloss, sowie ein Verwaltungsgebäude an der Provinzialstraße. Auf der Nordseite wurden später Sandschuppen und ein Hallenanbau mit Lackiererei und Schreinerei errichtet. Die Gesamtkosten für Grunderwerb und Gebäude bezifferte die Straßenbahn im Mai 1911 mit rund 126.000 Mark.

1926 wurde der Betriebshof aufgegeben. Die Wagenhalle wurde fortan als Lager und Abstellhalle genutzt, zuletzt bis Mitte der 1980er-Jahre von einem in Lütgendortmund ansässigen Schaustellerbetrieb.

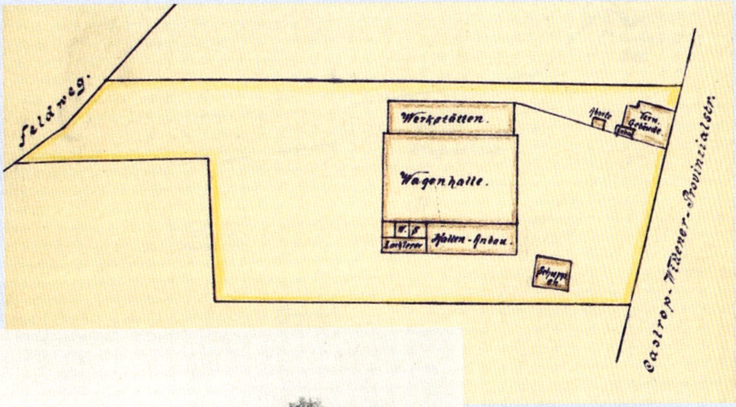

Der Betriebshof Lütgendortmund im Jahr 1987. Der Lageplan war Bestandteil von Unterlagen, die 1911 für einen geplanten Verkauf an den Landkreis Dortmund zusammengestellt wurden.

Kranefeld–Castrop Bürgermeisteramt

Die Gemeinde Lütgendortmund trat dem Zweckbündnis der Märkischen Straßenbahn am 24. November 1899 bei. Sie setzte sich für eine Fortführung der Straßenbahn über die Provinzialstraße nach Castrop und für einen Streckenausbau vom Markt in Lütgendortmund zur Gemeindegrenze nach Oespel ein. Mittelfristiges Ziel war es, in Castrop einen Anschluss zur Emschertalbahn herzustellen. Diese war am 1. Dezember 1874 durch die Cöln-Mindener Eisenbahn-Gesellschaft für den Personenverkehr eröffnet worden. Sie verband Herne über Castrop mit Dortmund.

Die Konzession für die Neubaustrecke der Märkischen Straßenbahn von Lütgendortmund nach Castrop wurde am 27. Juni 1901 erteilt. Die landespolizeiliche Abnahme fand am 27. Juni 1901 statt. Die Inbetriebnahme im Linienverkehr folgte am 25. August 1901. Der Castroper Streckenast und die von Laer über Langendreer Süd und Werne nach Lütgendortmund führende Strecke wurden zu einer durchgehenden Linie verknüpft.

Die eingleisige Trasse folgte der Provinzialstraße durch Bövinghausen, Merklinde und Obercastrop bis in das Zentrum von Castrop. Dabei lag das Gleis durchgehend auf der westlichen Straßenseite. Die Endstelle in Castrop befand sich vor dem Hotel-Restaurant „Reichshof".

Im Verlauf der Strecke gab es neun, jeweils rund 60 bis 70 Meter lange Ausweichen: „Kranefeld", „Plesken", „Villis", „Rose", „Hovemann", Katholischer Friedhof, „Genderra", Rennplatz und Bürgermeisteramt Castrop.

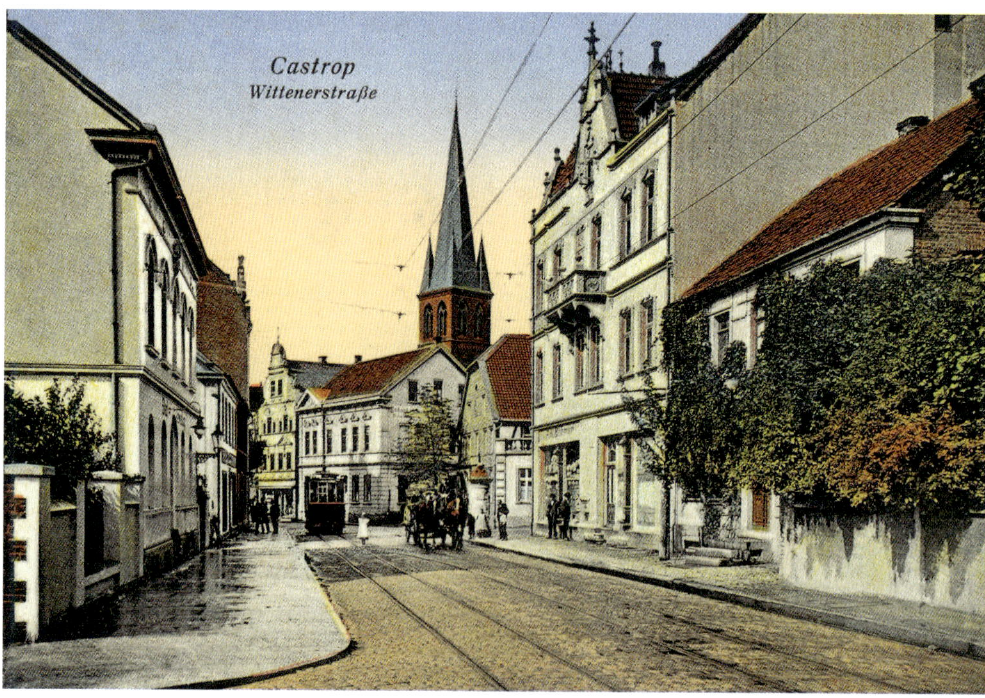

Die Endstelle Bürgermeisteramt in Castrop lag vor dem Hotel „Reichshof" in der Wittener Straße.

Lütgendortmund Amtshaus–Gemeindegrenze–Bahnhof

Von der Weiterführung des Netzes der Märkischen Straßenbahn bis an die Gemeindegrenze nach Oespel-Kley über die Wilhelmstraße (heute Limbecker Straße), die Bergstraße (heute Hofstadtweg), die Oespeler- und die Bahnhofstraße (heute Lütgendortmunder Straße) versprach sich die Gemeinde Lütgendortmund eine bessere Anbindung des damaligen Bahnhofs Lütgendortmund, der rund 2,5 Kilometer vom Ortszentrum entfernt war.

Zwischen Langendreer und Lütgendortmund verliefen die Trassen der ehemaligen Rheinischen Eisenbahn-Gesellschaft und der ehemaligen Bergisch-Märkischen Eisenbahn-Gesellschaft parallel. Der Bahnhof lag an der südlichen, „bergisch-märkischen" Strecke. Obwohl er sich auf dem Gebiet der Gemeinde Oespel-Kley an der Bismarckstraße (heute Karolinenstraße) befand, hatte er die Bezeichnung Lütgendortmund erhalten.

Am 11. Dezember 1902 wurde zunächst ein rund zwei Kilometer langer Streckenast vom Lütgendortmunder Markt zur Gemeindegrenze nach Oespel-Kley dem Betrieb übergeben. Der vorläufige Endpunkt lag in der Bahnhofstraße in Höhe der damaligen Gaststätte „Brunholt". Gut einen Monat später ermöglichte das Regierungspräsidium in Arnsberg der Märkischen Straßenbahn die Weiterführung der Trasse bis an den niveaugleichen „rheinischen" Bahnübergang. Die Staatsbahn untersagte eine Kreuzung ihrer Gleise. Deshalb mussten die Fahrgäste der Straßenbahn bis zum Bahnhof noch rund 500 Meter zu Fuß bewältigen. Am 5. Februar 1903 wurde das Streckenstück erstmals im Personenverkehr befahren.

1910 bündelte die Staatsbahn den Personenverkehr auf der Trasse der ehemaligen Rheinischen Eisenbahn-Gesellschaft. Da zugleich die Trassen der Bahn höhergelegt wurden, musste ein neues Bahnhofsgebäude errichtet werden. Dieses rückte im Vergleich zum alten Bahnhof um etwa 400 Meter Luftlinie näher an Lütgendortmund heran. Der Bahnhofsvorplatz wurde von Lütgendortmund und Kley mittels neuer Straßenunterführungen erschlossen.

Am 1. Mai 1910 wurde das im Jugendstil errichtete neue Stationsgebäude eingeweiht. Bereits während der Bauphase hatte die Märkische Straßenbahn die Fortführung ihrer Strecke zum neuen Bahnhof beantragt. Im Sommer 1910 wurden die Arbeiten an der 262 Meter langen Netzergänzung abgeschlossen.

Ausgangspunkt der neuen Strecke zur Gemeindegrenze zwischen Lütgendortmund und Oespel-Kley war die Ausweiche am Lütgendortmunder Markt in Höhe des „Central-Hotels" von Wilhelm Specht.

Auf dem Weg zum Bahnhof passierte die Straßenbahn die Restauration der Witwe Friedrich Heitmann.

Ab 1910 lag die Endstelle der Straßenbahn unmittelbar vor dem neuen Bahnhofsgebäude. Endlich wurde den Fahrgästen ein bequemer Umstieg zur Staatsbahn ermöglicht.

Am 1. Februar 1911 nahmen die Elektrischen Straßenbahnen des Landkreises Dortmund die Verbindung von Dorstfeld über Marten zum Bahnhof Lütgendortmund in Betrieb. Da die Strecke eine Spurweite von 1.435 Millimeter aufwies, gab es keine Gleisverbindung.

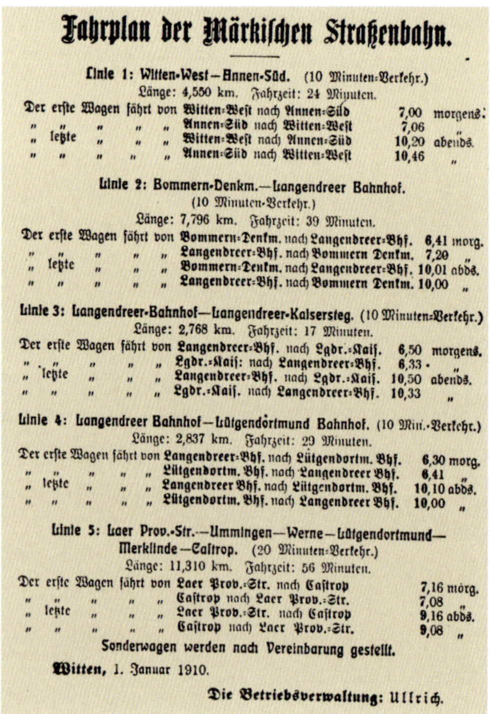

Fahrplan der Märkischen Straßenbahn.

Linie 1: Witten-West—Annen-Süd. (10 Minuten-Verkehr.)
Länge: 4,550 km. Fahrzeit: 24 Minuten.

Der erste Wagen fährt von	Witten-West nach Annen-Süd	7,00	morgens.
" " " " "	Annen-Süd nach Witten-West	7,06	"
" letzte " " "	Witten-West nach Annen-Süd	10,20	abends.
" " " " "	Annen-Süd nach Witten-West	10,46	"

Linie 2: Bommern-Denkm.—Langendreer Bahnhof. (10 Minuten-Verkehr.)
Länge: 7,796 km. Fahrzeit: 39 Minuten.

Der erste Wagen fährt von	Bommern-Denkm. nach Langendreer-Bhf.	6,41	morg.
" " " " "	Langendreer-Bhf. nach Bommern Denkm.	7,20	"
" letzte " " "	Bommern-Denkm. nach Langendreer-Bhf.	10,01	abds.
" " " " "	Langendreer-Bhf. nach Bommern Denkm.	10,00	"

Linie 3: Langendreer-Bahnhof—Langendreer-Kaisersteg. (10 Minuten-Verkehr.)
Länge: 2,768 km. Fahrzeit: 17 Minuten.

Der erste Wagen fährt von	Langendreer-Bhf. nach Lgdr.-Kais.	6,50	morgens.
" " " " "	Lgdr.-Kais. nach Langendreer-Bhf.	6,33	"
" letzte " " "	Langendreer-Bhf. nach Lgdr.-Kais.	10,50	abends.
" " " " "	Lgdr.-Kais. nach Langendreer-Bhf.	10,33	"

Linie 4: Langendreer Bahnhof—Lütgendortmund Bahnhof. (10 Min.-Verkehr.)
Länge: 2,837 km. Fahrzeit: 29 Minuten.

Der erste Wagen fährt von	Langendreer-Bhf. nach Lütgendortm. Bhf.	6,30	morg.
" " " " "	Lütgendortm. Bhf. nach Langendreer Bhf.	6,41	"
" letzte " " "	Langendreer Bhf. nach Lütgendortm. Bhf.	10,10	abds.
" " " " "	Lütgendortm. Bhf. nach Langendreer Bhf.	10,00	"

Linie 5: Laer Prov.-Str.—Ummingen—Werne—Lütgendortmund—Merklinde—Castrop. (20 Minuten-Verkehr.)
Länge: 11,310 km. Fahrzeit: 56 Minuten.

Der erste Wagen fährt von	Laer Prov.-Str. nach Castrop	7,16	morg.
" " " " "	Castrop nach Laer Prov.-Str.	7,08	"
" letzte " " "	Laer Prov.-Str. nach Castrop	9,16	abds.
" " " " "	Castrop nach Laer Prov.-Str.	9,08	"

Sonderwagen werden nach Vereinbarung gestellt.

Witten, 1. Januar 1910.

Die Betriebsverwaltung: Ullrich.

Mit dem Anschluss des Bahnhofs Lütgendortmund erreichte das Netz der Märkischen Straßenbahn die größte Ausdehnung.

Linie 1	Bahnhof Witten West–Annen Süd (4,55 km)
Linie 2	Bommern Denkmal–Langendreer Bahnhof (Südseite) (7,796 km)
Linie 3	Langendreer Bahnhof (Nordseite)–Langendreer Kaisersteg (2,768 km)
Linie 4	Langendreer Bahnhof (Nordseite)–Lütgendortmund Bahnhof (2,837 km)
Linie 5	Laer Provinzialstraße–Uemmingen–Werne–Lütgendortmund–Merklinde–Castrop (11,3 km)

An den Straßenbahnwagen waren die Liniennummern nicht angeschrieben. Bis auf die Linie 5, die im 20-Minuten-Takt fuhr, wurde ab dem 1. Oktober 1909 auf allen Linien ein 10-Minuten-Takt angeboten.

Muster der nach der Tariferhöhung vom Januar 1902 bei der Märkischen Straßenbahn gültigen Fahrscheine sowie der im Preis reduzierten Fahrscheinhefte.

Fahrscheine der Märkischen Straßenbahn

Bereits bei der Eröffnung der Märkischen Straßenbahn wurde zur Erhebung des Fahrpreises ein Zonentarif auf Basis von Teilstrecken eingeführt. Für eine Teilstrecke wurden 5 Pfennig berechnet. Der günstigste Fahrschein kostete jedoch 10 Pfennig und berechtigte zu einer Fahrt über zwei Teilstrecken. Die dabei zurückgelegte Entfernung betrug durchschnittlich drei Kilometer.

Mit dem Erwerb eines Fahrscheinheftes konnten die Fahrgäste erheblich sparen. So kostete ein Fahrscheinheft mit sechs 10-Pfennig-Fahrscheinen oder vier 15-Pfennig-Fahrscheinen jeweils 0,50 Pfennig.

Im Januar 1902 wurden die Fahrpreise um rund 20 Prozent erhöht, indem die Teilstrecken neu festgelegt wurden.

Neben den Einzelfahrscheinen wurden auch Schülermonatskarten ausgegeben. Sie kosteten bis zur Entfernung des 20-Pfennig-Fahrscheins 3 Mark und für jede darüber hinaus gehende Entfernung 4 Mark. Für alle Tarifentfernungen gab es zudem Monatskarten, die je nach Entfernung zu Preisen zwischen 5,10 Mark für eine 10-Pfennig-Strecke und 15,40 Mark für 40- und 50-Pfennig-Strecken angeboten wurden.

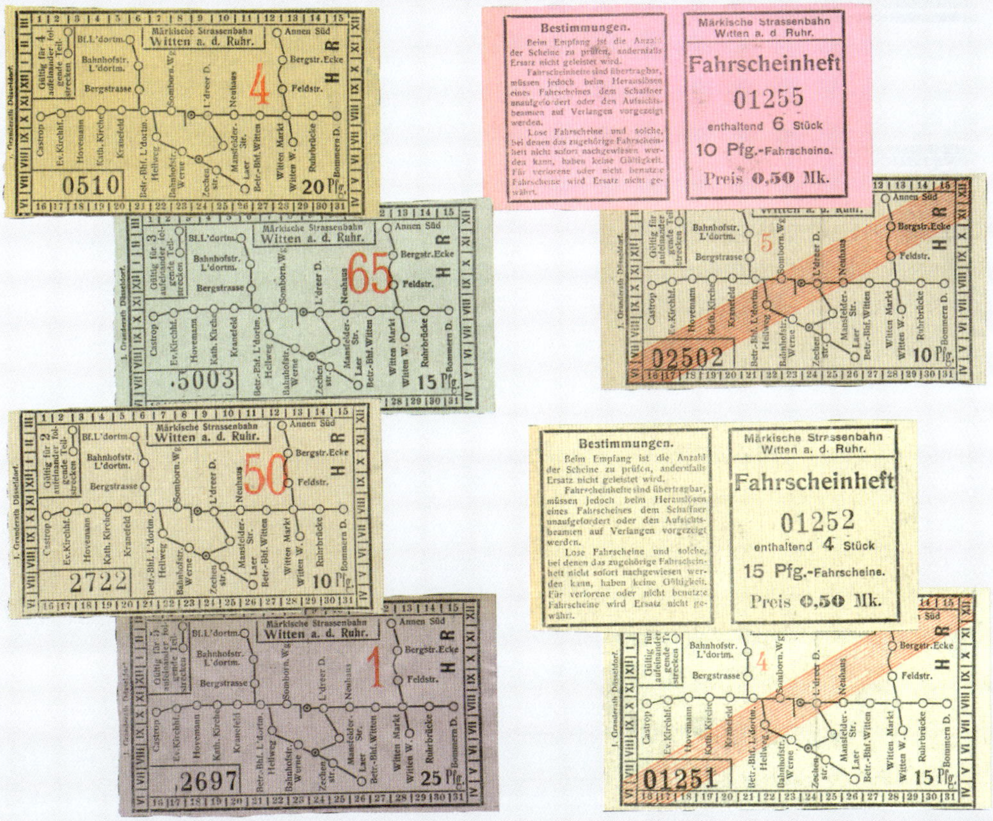

Unter kommunaler Regie

Nach dem Konkurs der A.-G. Elektricitätswerke erfuhr das Streckennetz der Märkischen Straßenbahn unter der Regie der Verwaltungskommission nur noch geringe Ausbauten. Am 26. Oktober 1902 konnte der am 28. September 1901 in Betrieb genommene Neubau des Bahnhofs Witten West über eine 270 Meter lange Gleisverbindung zur Bahnhofstraße an das Straßenbahnnetz angebunden werden.

Ein offener Punkt war die im Vertragswerk zur Gründung der Märkischen Straßenbahn vereinbarte Weiterführung von Annen nach Rüdinghausen. Im Verlauf des Jahres 1902 wurde an der Endstelle vor der Wirtschaft „Koch" mit dem Bau der Ergänzungsstrecke begonnen. Die Trasse wurde über die Untere Rüdinghauser Straße (heute Kreisstraße) weitergeführt, 620 Meter Gleis wurden verlegt. Für die Fahrleitung wurden 25 Streckenmasten aufgestellt. Montiert wurde der Kupferdraht jedoch nur bis zum Bahnhof Annen Süd.

Das Projekt blieb unvollendet. Die Genehmigungsbehörde räumte der Märkischen Straßenbahn zwei Fristverlängerungen zur Weiterführung der Strecke nach Rüdinghausen ein. Die erste, bis zum 1. April 1906 reichende Frist verstrich ebenso wie eine weitere Frist bis zum 1. September 1912. Stattdessen wurden Gleise und Masten im Laufe des Jahres 1906 demontiert und zum Ausbau des Betriebshofes in Lütgendortmund verwendet.

Verkaufsverhandlungen

Die Betriebsergebnisse der Märkischen Straßenbahn blieben weiterhin hinter den Erwartungen zurück. So gab es immer mehr Stimmen, die einen Verkauf der Bahn empfahlen. Man dachte, dass das Nordnetz mit dem Depot Lütgendortmund gut zu den Straßenbahnprojekten des Landkreises Dortmund passen könnte. Übersehen wurde dabei, dass dessen Strecken im Gegensatz zur meterspurigen Märkischen Straßenbahn mit einer Spurweite von 1.435 Millimeter gebaut worden waren. Mithin mussten alle Gleise ausgetauscht werden.

Unter der Leitung von Otto Laue (1875–1933), ab 1908 Zweiter Bürgermeister in Witten, wurden im Frühjahr 1911 Verhandlungen mit dem Landkreis Dortmund aufgenommen. Die von Witten gestellte Bedingung, dass der Käufer die seit 1901 gezahlten Zuschüsse übernehmen sollte, wollte der Landkreis Dortmund nicht akzeptieren. Im Sommer 1911 kamen die Verhandlungen zum Stillstand.

Im Juli 1911 interessierte sich auch die benachbarte Bochum-Gelsenkirchener Straßenbahnen AG für das Wittener Netz. Nach Prüfung der Unterlagen kam sie jedoch in einem am 22. Dezember 1911 an die Verwaltungskommission der Märkischen Straßenbahn gerichteten Schreiben zu dem Schluss, dass nach den Betriebsergebnissen mit Sicherheit angenommen werden könne, dass „in den nächsten 10 Jahren eine Verzinsung nicht zu erwarten steht".

Der Neubau des Bahnhofs Witten West wurde 1901 eröffnet, der Straßenbahnanschluss folgte 1902.

Möglicherweise führte der Bau eines neuen Wohn- und Geschäftshauses anstelle der Wirtschaft „Koch" – der Rohbau ist links im Hintergrund zu sehen – zu einem Baustopp bei der Weiterführung der Straßenbahn nach Rüdinghausen. Der auf die Abfahrt nach Witten West wartende Triebwagen ermöglichte ein Ansichtskartenmotiv, das viel über den Alltag der Menschen in Annen berichtet.

Innovativ und der Zeit voraus

Die Strukturprobleme der Märkischen Straßenbahn konnten nach dem Konkurs der A.-G. Elektricitätwerke von der Verwaltungskommission nicht bewältigt werden. Auch Nebengeschäfte wie Stromlieferungen an die Eisenbahndirektion Essen zur Versorgung des Bahnhofs Witten West und der Wittener Eisenbahnwerkstätten halfen nicht.

Die wirtschaftliche Schieflage der Märkischen Straßenbahn war so extrem, dass unerwartete Ereignisse wie die verheerende Explosion der Roburit-Fabrik in Annen am 28. November 1906 notwendig waren, um ein besseres Ergebnis zu erzielen: „In diesem Jahre", schreibt Ferdinand Schöningh in seiner 1911 erschienenen Doktorarbeit, „brachte der durch die furchtbare Roburit-Explosion in Annen herbeigelockte Verkehr eine nicht unbedeutende Mehreinnahme, die sich namentlich in der ersten Dezemberwoche bemerkbar machte. … Während sonst der Sonntagsverkehr durchschnittlich im Jahre 1906 2.500 Mark einbrachte, stieg diese Summe am ersten Sonntag nach der Explosion auf 4.655 Mark."

Ferdinand Schöningh kommt in seiner Dissertation im Hinblick auf die Straßenbahn in Witten zu einem ernüchternden Ergebnis: „Im Allgemeinen aber ist in der Zukunft, abgesehen

Über die Explosion der Roburit-Fabrik in Witten-Annen berichtete die internationale Presse, so auch das italienische Magazin „L'Illustratione Italiana". Die Märkische Straßenbahn profitierte von der unerwarteten Aufmerksamkeit und dem daraufhin einsetzenden Ansturm von Schaulustigen.

Die Ansichtskarte aus dem Jahr 1912 zeigt beide Wagentypen der Märkischen Straßenbahn auf einem Bild. Links den 1902 gelieferten MAN-Triebwagen 45, rechts den 1898 gebauten Triebwagen 8 mit der für die A.-G. Elektricitätswerke charakteristischen, aber auch komplizierten Abfederung des Wagenkastens gegenüber dem Fahrwerk.

von der normalen Zunahme, auf einen starken Fortschritt nicht zu rechnen, da die industrielle Entwicklung im Wittener Gebiet fast stillsteht."

Für die Stadtentwicklung von Witten war der Bau der elektrischen Straßenbahn trotz der wirtschaftlichen Probleme ein wichtiger Beitrag. Mit der A.-G. Elektricitätswerke hatte man einen Partner gefunden, der auf dem Gebiet der elektrischen Klein- und Straßenbahnen zu den innovativsten Unternehmen der Jahrhundertwende gehörte.

Für die Märkische Straßenbahn hatte das Vertrauen in den technischen Fortschritt einen hohen Preis. Die in den Fahrzeugpark eingebrachten Innovationen – Nockenfahrschalter, Rückführung des Bremsstroms, elektrische Bremsen, die aufwendige Abfederung der Wagenkästen gegenüber dem Fahrgestell und die Lenkdeichselgestelle der ersten MAN-Triebwagen – bewährten sich nicht. Im Gegenteil: Sie führten zu aufwendigen Umbauten auf konservative Technik. Erst viele Jahre später wurden sie zur Serienreife weiterentwickelt. So teilten die an der Märkischen Straßenbahn beteiligten Gemeinden und die A.-G. Elektricitätswerke das Schicksal vieler Visionäre. Am Ende stand ein finanzielles Desaster.

Innovative Triebwagen aus Nürnberg

In den Jahren 1902 und 1909 erhielt die Märkische Straßenbahn zwei weitere Fahrzeuglieferungen. Hersteller war die Vereinigte Maschinenfabrik Augsburg und Maschinenbaugesellschaft Nürnberg AG. Ab 1908 firmierte sie unter der Bezeichnung Maschinenfabrik Augsburg-Nürnberg (MAN).

Die 1902 ausgelieferten Triebwagen 41 bis 45 waren mit einer Länge von 8,7 Metern etwas größer als die von der A.-G. Elektricitätswerke gelieferten Fahrzeuge der Erstausstattung. Der aus hochwertigen Hölzern gefertigte Wagenkasten bot den Fahrgästen 16 Sitzplätze auf zwei Längsbänken sowie 20 Stehplätze. Die elektrische Ausstattung und die Motore des Typs AB 82 lieferte die Nürnberger Firma EAG, vormals Schuckert & Co.

Eine technische Innovation war das von der MAN in Nürnberg entwickelte Einachs-Deichselgestell: Zwei einachsige Fahrwerke wurden über eine gemeinsame Anlenkung in der Wagenmitte geführt. Trotz des Achstandes von 3,2 Metern war so ein guter Kurvenlauf in engen Radien möglich. Vergleichbare Triebwagen lieferte die MAN auch nach Königsberg (1901 bis 1903) und nach Darmstadt (1902 bis 1904).

Die 1909 hergestellten Triebwagen der zweiten MAN-Serie wurden unter den Betriebsnummern 46 bis 50 in den Wagenpark der Märkischen Straßenbahn eingereiht. Sie erhielten wieder starre Pressträgerfahrgestelle mit einem Achsstand von 2,2 Metern. Der Wagenkasten unterschied

Triebwagen 43 aus dem Jahr 1902 hatte die innovativen Einachs-Deichselgestelle, …

… während der 1909 gelieferte Triebwagen 49 wieder mit einem Pressträgerfahrgestell ausgerüstet wurde. Die Aufnahmen entstanden jeweils unmittelbar vor der Auslieferung auf dem Werkhof von MAN in Nürnberg.

sich nur im Detail von den 1902 gelieferten Fahrzeugen. Die elektrische Ausrüstung kam jetzt von der Siemens-Schuckertwerke GmbH (SSW). Sie war am 1. April 1903 durch die Fusion der Starkstromabteilungen von Siemens & Halske und Schuckert & Co. entstanden. Die SSW-Motore hatten die Bezeichnung D 53 wg. Die Leistung (26 kW) war mit der ersten Serie identisch.

Nach der Übernahme der Märkischen Straßenbahn durch die Westfälische Straßenbahn GmbH wurden die MAN-Triebwagen weiterhin vom Betriebshof Witten betreut. Um einen freizügigen Einsatz zu ermöglichen, wurden alle Wagen mit Schleifbügeln ausgestattet. Darüber hinaus wurden Laternen für das bei der Westfälischen Straßenbahn eingeführte Liniensignal ergänzt.

Da die Triebwagen 41 bis 45 bei der Geradeausfahrt zum Schlingern neigten, wurden deren Einachs-Deichselgestelle schon kurz nach dem Betriebsübergang durch genietete Fahrgestelle mit einem Achsstand von 2,4 Metern ersetzt. Nach dem Umbau der ersten Serie lag das Gewicht aller MAN-Triebwagen bei 9,2 Tonnen. Abgeschlossen wurden die Anpassungsarbeiten mit einer Neulackierung in den Farben der Westfälischen Straßenbahn.

Der erste MAN-Triebwagen wurde 1923 verschrottet. Die restlichen Fahrzeuge waren teilweise noch bis 1929 im Einsatz.

2

Westfälische Straßenbahn

Ende 1911 waren alle Verkaufsbemühungen der Verwaltungskommission der Märkischen Straßenbahn gescheitert. In dieser Situation entschloss sich das Gremium, einem Vorschlag nachzugehen, den die in Gerthe ansässige Bochum-Castroper Straßenbahn GmbH dem Wittener Bürgermeister Laue bereits im Juli 1911 gemacht hatte. Deren Direktor, Paul Müller (1876–1927), schlug eine Zusammenlegung der in Gerthe, Herne, Eickel und Witten ansässigen kommunalen Straßenbahnbetriebe vor. Die erwarteten Synergien sollten einen insgesamt kostengünstigeren Betrieb des neu entstehenden Netzes ermöglichen.

Die neu zu gründende, spätere Westfälische Straßenbahn GmbH sollte den Betrieb der Märkischen Straßenbahn käuflich übernehmen. Gleichzeitig würden die Gemeinden, die bisher die Verluste ausgeglichen hatten, Anteilseigner der neuen Gesellschaft. Die weitere Finanzierung des Unternehmens sollte durch die Stammeinlagen der Gesellschafter, durch die Aufnahme von Anleihen am Kapitalmarkt sowie über eine Stundung des Kaufpreises der übernommenen Strecken erfolgen. Letzteres betraf insbesondere das Netz der Märkischen Straßenbahn.

Anfang April 1912 legte Paul Müller eine Überarbeitung seines Vorschlages in Form einer „Denkschrift über die Vereinigung der kommunalen Straßenbahnen des Bochum-Herne-Witten-Castroper Bereichs“ vor. Im April/Mai 1912 akzeptierten die Gemeinden Witten, Annen, Bommern, Langendreer, Werne und Lütgendortmund auf dieser Basis den Zusammenschluss. Die Gemeinden Sodingen und Börnig lehnten ab. Deshalb blieb die Straßenbahn Herne–Sodingen–Castrop weiterhin eigenständig. Die Gemeindevertretung von Laer stimmte zwar zu, erklärte jedoch, dass sie darauf bedacht sein werde, in „einer angemessenen Form aus der Gesellschaft herauszukommen“, da das Interesse des Ortsteils Ümmingen „gleich Null“ sei.

Trotz der Zurückhaltung von Sodingen, Börnig und Laer war Paul Müller die Gründung der Westfälischen Straßenbahn GmbH gelungen. Mit Wirkung zum 24. Mai 1912 wurde der Gesellschaftsvertrag rechtskräftig. Gesellschafter der Westfälischen Straßenbahn GmbH waren jetzt die Städte Witten, Herne und Castrop sowie die Gemeinden Gerthe, Harpen, Langendreer, Lütgendortmund, Werne, Bommern, Annen und Laer.

Mit den Gesellschaftern der 1906 gegründeten Kommunalen Straßenbahn-Gesellschaft Landkreis Gelsenkirchen, die seit dem 16. Januar 1908 eine Straßenbahn zwischen Baukau (Herne) über Eickel und Wattenscheid nach Höntrop betrieb, wurde 1913 ein Pachtvertrag für die Strecke von Herne nach Höntrop geschlossen. Er ermöglichte einen freizügigen Einsatz der dort überzähligen Fahrzeuge, von dem schon bald auch Witten profitierte.

Zu den robusten Triebwagen der Bochum-Castroper Straßenbahn, die 1912 den Verkehr auf der Strecke von Bommern über Witten, Langendreer und Lütgendortmund nach Castrop übernahmen, gehörte der vier Jahre zuvor gebaute Triebwagen 3. Nach der Übernahme der Märkischen Straßenbahn durch die Westfälische Straßenbahn erhielt die Linie das Signal „E". Das Foto entstand auf der Provinzialstraße in Höhe der Wirtschaft „Plesken".

Nach der Übernahme der Märkischen Straßenbahn durch die Westfälische Straßenbahn GmbH wurden die Linien neu geordnet. Zugleich wurden die Motorwagen mit neuen Dachlaternen ausgestattet, an denen aus Blech gestanzte Buchstaben als Liniensignal befestigt werden konnten. Inzwischen war auch die Straßenunterführung am Bahnhof Langendreer fertiggestellt, sodass ein durchgehender Verkehr von Bommern nach Castrop möglich wurde.

Linie E: Bommern Denkmal–Langendreer–Castrop Bürgermeisteramt
Linie F: Bahnhof Langendreer–Bahnhof Lütgendortmund
Linie G: Laer–Uemmingen–Kaisersteg–Werne–Kranefeld
Linie H: Langendreer Denkmal–Kaisersteg
Linie J: Witten Bommern–Langendreer (Verstärkerlinie)
Linie K: Bahnhof Witten West–Annen Süd

Im ersten Betriebsjahr (1. April 1912 bis 31. März 1913) erwirtschaftete die Westfälische Straßenbahn GmbH einen Betriebsüberschuss von rund 382.000 Mark. Das waren fast zehn Prozent mehr als die von Paul Müller angenommenen 350.000 Mark.
Gleichwohl lagen vor dem neuen Unternehmen große Aufgaben. Die Gleisanlagen der Märkischen Straßenbahn waren verschlissen und mussten größtenteils ausgetauscht werden. Von den 40 von der Märkischen Straßenbahn übernommenen Triebwagen der Baujahre 1898 bis 1901 mussten 1913 bereits acht Fahrzeuge mit technischen Mängeln abgestellt werden. 17 weitere schieden im Verlauf des Ersten Weltkriegs aus dem Bestand aus. Ihre Fahrgestelle wurden zum Bau von Güterwagen verwendet.
Auf der stark frequentierten Strecke von Bommern nach Castrop setzte die Westfälische Straßenbahn bereits unmittelbar nach dem Zusammenschluss der Betriebe die 1908 gebauten Triebwagen der ehemaligen Bochum-Castroper Straßenbahn ein. Deren Motore waren mit 30 kW deutlich stärker als die der Triebwagen der Märkischen Straßenbahn. Die Fahrgeschwindigkeit konnte entsprechend erhöht werden.

Die Linie vom Bahnhof Witten West nach Annen erhielt den Buchstaben „K". Auf diesem, am Wittener Westbahnhof aufgenommenen Ansichtskartenmotiv aus den 1920er-Jahren ist Triebwagen 216 zu erkennen. Er wurde 1907 von der Waggonfabrik Falkenried in Hamburg für die Kommunale Straßenbahn-Gesellschaft Landkreis Gelsenkirchen gebaut.

1913 waren noch 32 der ehemals 40 Triebwagen der Erstausstattung der Märkischen Straßenbahn bei der Westfälischen Straßenbahn vorhanden. Bei der Neuordnung des Wagenparks im Jahr 1918 gab es noch 20 „Kummer"-Triebwagen. Sie erhielten die Nummern 111 bis 120 und wurden nach und nach technisch aufgerüstet. Zu den in der Hauptwerkstatt Gerthe ausgeführten Umbauten gehörten insbesondere die Ausstattung mit leistungsstärkeren Motoren, eine neue Lackierung sowie die Ergänzung der Laternen für die Linienbezeichnung.

Um- und Neubauten

Das Streckennetz der Märkischen Straßenbahn hatte zum Zeitpunkt des Betriebsübergangs eine Länge von rund 32 Kilometern. Die notwendige Erneuerung der Strecken wurde von der Westfälischen Straßenbahn umgehend in Angriff genommen. Paul Müller beschreibt dies ausführlich in der 1919 erschienen Jubiläumsschrift „10 Jahre Westfälische Straßenbahn". Bis zu ihrer Publikation waren bereits 26 Kilometer Gleis und Fahrleitung ausgetauscht.

Die Westfälische Straßenbahn nutzte die Arbeiten, um die Zahl, Lage und Länge der Ausweichen zu optimieren. Erste Streckenabschnitte wurden zweigleisig ausgebaut. Dazu zählten insbesondere die Strecke zwischen der Brauerei Müser und dem Bahnhof Langendreer sowie der Abschnitt zwischen dem Bahnhof Langendreer und dem Sonnborner Weg (Wilhelmshöhe). Nach der Fertigstellung einer neuen, breiten Straßenunterführung am Bahnhof Langendreer konnten die zweigleisig ausgebauten Streckenteile durch ein Gleisdreieck verbunden werden.

In Castrop wurde die Wittener Strecke über den Jahreswechsel 1913/14 von der bisherigen Endstelle am Bürgermeisteramt über den Markt weitergeführt und in der Münsterstraße mit der bestehenden Strecke von Gerthe nach Castrop verbunden. Die neue Endstelle mit einem großzügig bemessenen Umsetzgleis lag unmittelbar vor der Emschertalbahn. Hier wendeten nun auch die Züge der Straßenbahn Herne–Sodingen–Castrop, die mit einem Gleisdreieck angebunden wurde. Am 28. Januar 1914 wurden die neuen Gleisanlagen in Betrieb genommen.

Auch im Stadtgebiet von Witten waren Um- und Neubauten geplant. Der Ausbruch des Ersten Weltkriegs jedoch verzögerte die Arbeiten. Teilweise scheiterten die Ausbauprojekte auch an der Auflage der Stadt Witten, beim Umbau der Strecken die Kosten für eine Neupflasterung der Straßen mitzutragen.

Da sich die Westfälische Straßenbahn bereit erklärte, während des Kriegs auch Güter auf ihren Strecken zu befördern, die Gleise der Hauptstrecken aber stark abgenutzt waren, wurden die Um- und Ausbauarbeiten trotz der Materialknappheit weitergeführt.

Im Verlaufe des Jahres 1916 verschlechterte sich insbesondere der Zustand der für den Betrieb unverzichtbaren Gleisanlage in der Augustastraße und der Breiten Straße. Da inzwischen bereits eine Verlegung der Straßenbahn auf die Haupt- und Crengeldanzstraße im Gespräch war, wurde beschlossen, das neue Gleis auf dieser Trasse zu verlegen. Am 23. Mai 1917 war die neue, zunächst noch eingleisige Strecke fertiggestellt. Die ursprüngliche Gleisführung wurde stillgelegt.

Ein bereits in den Farben der Westfälischen Straßenbahn lackierter Triebwagen der ehemaligen Märkischen Straßenbahn wartet vor dem Amtshaus in Werne auf Fahrgäste.

Langendreer Nord–Werne

Der am 1. April 1908 eröffnete, als „Centralbahnhof Langendreer" bezeichnete Bahnhof Langendreer Nord lag anfangs an einer Sackgasse. Bürgerinnen und Bürger aus dem nur etwas mehr als 1,5 Kilometer entfernten Werne, die mit der Eisenbahn reisen wollten, mussten entweder über Langendreer Süd (Kaisersteg) oder über Lütgendortmund fahren.

Die Grundstücke zwischen dem Bahnhof und dem Amtshaus in Werne gehörten größtenteils dem Werner Bauunternehmer Martens. Er hatte Interesse daran, die Flächen für Wohn- und Industrieansiedlungen zu erschließen. Deshalb unterbreitete Martens der Westfälischen Straßenbahn den Vorschlag, eine Privatstraße vom neuen Bahnhof nach Werne zu bauen. Später konnte dann auch die Gemeinde Langendreer für die Sache gewonnen werden. Sie war sogar bereit, einen Teil der Kosten zu übernehmen.

Die behördlichen Genehmigungen für das Projekt „Wernerstraße" wurden am 10. März 1913 erteilt, am 1. November 1913 waren die Straße und Gleise fertiggestellt. Am Amtshaus in Werne wurde die neue Strecke über ein eingleisiges Dreieck an die bestehende Strecke von Langendreer Süd nach Lütgendortmund angebunden. In der Wernerstraße war die Strecke von Anfang an zweigleisig.

Die landespolizeiliche Abnahme des 1,34 Kilometer langen Streckenastes erfolgte am 28. November 1913. Am selben Tag wurde der Linienverkehr aufgenommen, indem die bisher in Langendreer Süd endende Linie H über Werne zum Centralbahnhof Langendreer verlängert wurde. Zwischen Langendreer Süd und Werne wurde der bisherige 20-Minuten-Takt der Linie G (Laer–Werne –Kranefeld) durch den Parallelverkehr auf einen 10-Minuten-Takt verdichtet.

Uerdinger Erfolgsmodell

Im April 1913 bestellte die Westfälische Straßenbahn bei der Waggonfabrik Uerdingen zehn neue Triebwagen. Der Wagenkasten entsprach weitgehend den Fahrzeugen, die die Actien-Gesellschaft Düsseldorfer Eisenbahnbedarf und die Waggonfabrik Uerdingen 1912 für die Bochum-Gelsenkirchener Straßenbahnen AG entwickelt hatten. Hinsichtlich der technischen Ausstattung zählten die neuen Fahrzeuge bei ihrer Indienststellung zu den modernsten Straßenbahnwagen in Deutschland.

Der traditionell aus Holz gefertigte, mit Blech verkleidete Wagenkasten hatte erstmals zur Verstärkung Stahlunterzüge erhalten. Von Anfang an verfügten die mit starken 38 kW-Motoren des Siemens-Typs D 56 wc ausgestatteten Triebwagen über Scherenstromabnehmer und eine Magnetschienenbremse. Den Fahrgästen boten die 9,28 Meter langen und 11,67 Tonnen schweren Triebwagen 22 Sitz- und 18 Stehplätze.

Die ersten Fahrzeuge wurden am 20. Dezember 1913 geliefert. Ab Anfang 1914 kamen die unter den Betriebsnummern 19 bis 28 eingereihten Fahrzeuge zunächst auf dem Gerther Netz der Westfälischen Straßenbahn, auf den Linien A (Bochum–Gerthe–Castrop), B (Bochum–Harpen–Lütgendortmund), C (Herne–Gerthe) und D (Herne–Horsthausen–Röllinghausen) zum Einsatz.

Als 1920 eine Nachbauserie mit den Triebwagen 29 bis 36 folgte, wurden diese überwiegend im Betriebshof Witten stationiert. Dadurch konnten weitere Triebwagen der Märkischen Straßenbahn ausgemustert werden. 1926 lieferte die Waggonfabrik Uerdingen dann noch einmal zwei Wagenkästen. Sie wurden auf die Fahrgestelle von zwei 1920 gelieferten Straßenbahn-Lokomotiven aufgesetzt, für die es keine Verwendung mehr gab.

Mit den Motorwagen bestellte die Märkische Straßenbahn bei der Waggonfabrik Uerdingen in den Jahren 1914, 1918 und 1920 auch zehn Beiwagen (Wagennummern 194 bis 199 sowie 190 bis 193). 1919 folgten drei weitere Beiwagen mit einem etwas einfacher gestalteten Wagenkasten. Die zuletzt gelieferten Serien ersetzten im Wittener Betrieb die ehemaligen Anhängewagen der Märkischen Straßenbahn.

Der letzte „Uerdinger" Triebwagen wurde erst im Frühjahr 1976 nach langem Einsatz als Störungswagen verschrottet. Die Beiwagen wurden bis 1958 abgestellt.

Am 5. Januar 1914 wurde Triebwagen 19 als letztes Fahrzeug der ersten Serie von der Waggonfabrik Uerdingen an die Westfälische Straßenbahn ausgeliefert.

Der Wagenkasten von Triebwagen 38 wurde erst 1926 gebaut. Ein markanter Unterschied zu den zuvor gelieferten Fahrzeugen waren zwei Lufteinlässe an den Stirnseiten. Hier wurde er im Dezember 1937 am Crengeldanz im Einsatz auf der Linie E abgelichtet.

Auf der Strecke von Werne zum Bahnhof Langendreer wurden die großen Triebwagen der ehemaligen Straßenbahn der Stadt Herne eingesetzt. Das Bild entstand 1914 im Auftrag der evangelischen Kirchengemeinde, die es für eine Ansichtskarte nutzte.

Mobilmachung und Erster Weltkrieg

Die Mobilmachung für den Ersten Weltkrieg im August 1914 führte im Wittener Straßenbahnnetz zu erheblichen Einschränkungen. Ab dem 3. August 1914 wurde aufgrund des durch die Einberufungen ausgelösten Personalmangels auf allen Linien anstelle des 10-Minuten-Taktes ein 20-Minuten-Takt eingeführt. Die Linie G wurde zwischen Laer und Langendreer Süd (Kaisersteg) eingestellt. Trotz erheblicher Proteste der Gemeinde Langendreer folgte am 1. März 1915 auch die Einstellung zwischen Langendreer Süd und Werne. Das Teilstück von Werne nach Lütgendortmund übernahm die Linie H, 1918 wurde auch dieser Streckenabschnitt stillgelegt.

Im Streckennetz konnten nur noch die nötigsten Reparaturen ausgeführt werden. Ausnahmen waren Bauvorhaben, die von der Kommunalpolitik unterstützt wurden. Dazu gehörte eine von der Gemeinde Annen angeregte Neubaustrecke von der Johannisstraße über die südliche Ardeystraße und die Annenstraße nach Annen.

Am 1. Dezember 1915 wurde die neue Trasse erstmals genutzt. Die alte Streckenführung über die Pferdebachstraße, die Feld- und Krumme Straße, die Rheinische Straße sowie über die Wullen- und Roonstraße wurde aufgegeben.

Nach dem Ende des Ersten Weltkriegs konnte die Westfälische Straßenbahn den Austausch der Gleise der Märkischen Straßenbahn, die Optimierung des Netzes durch die Verschiebung von Ausweichen und die Anlage zweigleisiger Streckenabschnitte abschließen. Um noch brauchbares Baumaterial zu gewinnen, erfolgte jetzt auch die Demontage der eingestellten Strecken in Langendreer und Annen.

Am 17. April 1915 berichtete die „Wittener Volks-Zeitung", dass die Westfälische Straßenbahn dazu übergegangen sei, Schaffnerinnen anzustellen. Die Frauen, häufig Verlobte oder Ehefrauen, übernahmen die Stellen ihrer eingezogenen Partner und Ehemänner.

Gütertransporte mit der Straßenbahn

Im Verlauf des Ersten Weltkriegs konnte die Eisenbahn zunehmend weniger Transportkapazität für zivile Zwecke zur Verfügung stellen. Um die Bahn zu entlasten, forderte das Generalkommando in Münster bereits in einer Verfügung vom 12. Dezember 1916 Industrieunternehmen, Bergwerke und Verkehrsunternehmen auf, Kohle und andere Güter auch über die Straßenbahnnetze zu befördern.

Im Januar 1917 wurde zunächst auf Probe Kohle von der Zeche „Vereinigte Hamburg & Franziska" in Annen zum Wittener Gussstahlwerk an der Herbeder Straße transportiert. Dafür wurden die fünf Tonnen fassenden Loren der Bauabteilung verwendet. Ab Februar 1918 belieferte die Zeche auch die Wittener Stahlröhrenwerke. Im selben Monat reaktivierte die Straßenbahn einen Teil der 1915 eingestellten Strecke über die Pferdebachstraße, um Kohle von der Zeche „Bruchstraße" in Langendreer an die Kohlehandlung Gustav Nachrodt am Bahnhof Witten-Ost zu liefern. Später konnte dann vor allem die Sodinger Zeche „Mont Cenis" weitere Kunden gewinnen:

Dezember 1917	Glasfabrik Crengeldanz Gebr. Müllensiefen GmbH
Februar 1918	Wasserwerk Witten
Frühjahr 1918	Märkische Glashütte, Glasfabrik Utermann & Co. in Annen, Wittener Hütte und Wittener Stahlformgießerei GmbH
August 1918	Märkische Seifenindustrie GmbH

Nach dem Ende des Ersten Weltkriegs wurden die Gütertransporte der Straßenbahn im Raum Witten weitergeführt. Möglich war dies, weil größere Abnehmer eigene Anschlussgleise erhalten hatten. Darüber hinaus standen inzwischen Spezialgüterwagen mit zehn Tonnen Ladekapazität für den Kohletransport zur Verfügung. Anstelle von Triebwagen aus dem Personenverkehr kamen ab 1920 von der Waggonfabrik Uerdingen beschaffte Güterzuglokomotiven zum Einsatz (Betriebsnummern 570 bis 577).

Die für die Wittener Hütte und die Stahlformgießerei bestimmte Kohle wurde auf der Straße verladen. Gezogen werden die zwei 5-Tonnen-Güterwagen von Triebwagen 18. Er gehörte zur Erstausstattung der 1906 eröffneten Straßenbahn Herne–Sodingen–Castrop und gelangte mit einem zweiten Triebwagen über die Straßenbahn der Stadt Herne zur Westfälischen Straßenbahn.

Ein letzter Großauftrag waren die am 10. November 1922 aufgenommenen Materialtransporte für den Neubau des Wittener Rathauses. Ab 1923 litt der Güterverkehr zunehmend unter den Sanktionsmaßnahmen der französischen und belgischen Besatzungstruppen, 1924 wurden die Fahrten vollständig eingestellt. Die Fahrzeuge wurden fortan für den Gleisbau verwendet, zwei Lokomotiven wurden zu Personentriebwagen umgebaut, zwei weitere verkauft.

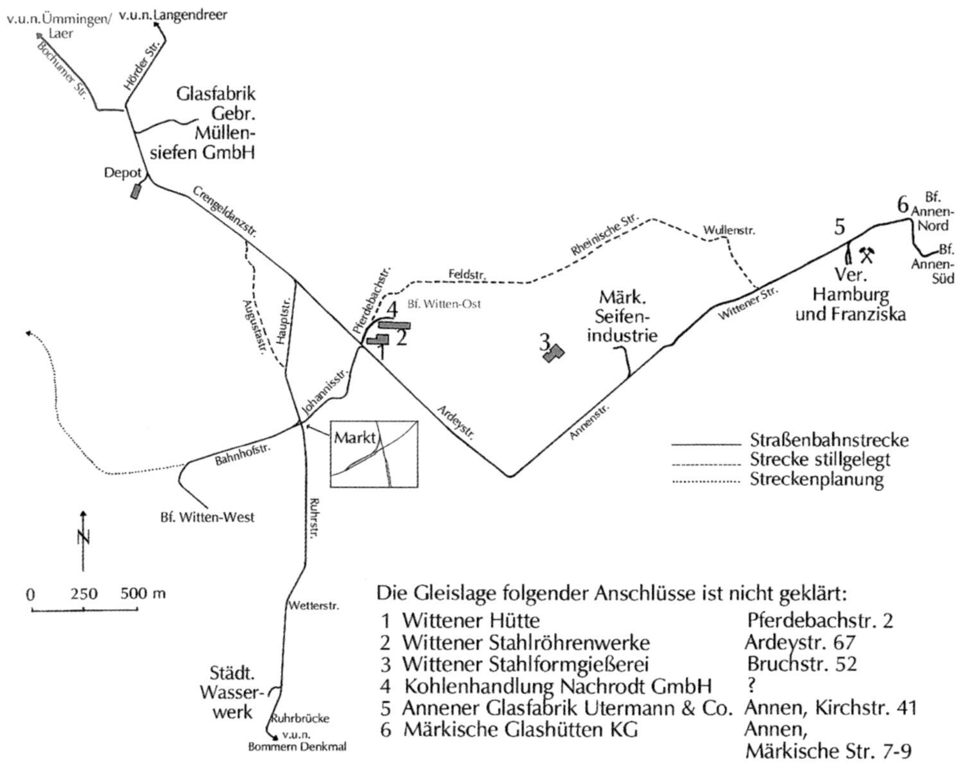

Im Detail widmet sich Wolfgang R. Reimann in seinem Buch „Straßenbahn und Güterverkehr zwischen Rhein, Ruhr und Wupper" dem Güterverkehr der Westfälischen Straßenbahn. Seinem Buch ist der unten abgebildete Plan entnommen, der das Gleisnetz mit dem Stand von 1919 zeigt.

Triebwagen 11 ist ein Fahrzeug der zweiten Lieferserie der Bochum-Castroper Straßenbahn aus dem Jahr 1909. 1918 steht er mit dem zehn Tonnen Kohle fassenden Güterwagen 557 im Anschlussgleis der Wittener Stahlröhrenwerke, das von der Pferdebachstraße abzweigte. Bei der körperlich anstrengenden Entladung der Güterwagen mussten auch Frauen helfen.

Triebwagen 112, ein Motorwagen der Märkischen Straßenbahn, wartet mit einem 10-Tonnen Güterwagen auf den Abschluss der Beladung. Für den Umschlag hatte man an der Strecke in der Wernerstraße einen 30 Tonnen fassenden Bunker errichtet, über den die Kohle direkt von der Werksbahn der Zeche „Bruchstraße" in die Kohlenzüge der Straßenbahn umgeladen werden konnte. Sehr gut sind auf dem Bild die durch die Westfälische Straßenbahn vorgenommenen Veränderungen am Fahrwerk zu erkennen.

Güterstrecke Ardeystraße

Der Güterverkehr führte in der Wittener Innenstadt zeitweise zu chaotischen Verhältnissen. Die aus einem Motorwagen und zwei Güterwagen bestehenden Kohlenzüge der Zeche „Vereinigte Hamburg & Franziska" wurden zur Entladung an der Herbeder Straße über die Johannis- und die Bahnhofstraße geführt. Die Lieferungen der Zeche „Mont Cenis" fuhren bis zur Ausweiche am Markt, wofür sie das von der Haupt- in die Bahnhofstraße führende Betriebsgleis benutzten. Dort setzten die Motorwagen um, um die Fahrt über die Johannisstraße in Richtung Witten-Ost fortzusetzen.

Obwohl ein Teil der Fahrten nachts durchgeführt wurde, gab es umfangreiche Rangierfahrten, die den regulären Personenverkehr empfindlich störten. Um das Problem zu entschärfen, wurde zwischen August und Dezember 1918 ein ausschließlich dem Güterverkehr dienendes Verbindungsgleis über die nördliche Ardeystraße von der Crengeldanzstraße bis zur Kreuzung mit der Johannis- und Pferdebachstraße gebaut. Die aus Annen kommenden Güterzüge konnten jetzt die Innenstadt und den Marktplatz umfahren.

Am 19. Dezember 1918 wurde die 450 Meter lange, eingleisige Strecke von der Aufsichtsbehörde abgenommen und umgehend dem Betrieb übergeben.

Die Güterstrecke wurde auch von Zügen des Personenverkehrs für Fahrten von und zum Betriebshof genutzt. Das belegt diese Ansichtskarte aus dem Jahr 1919. Rechts ist das heute von der Stadt Witten genutzte ehemalige Verwaltungsgebäude der Mannesmann-Röhrenwerke zu erkennen.

1912 präsentiert sich die Belegschaft stolz vor den zu einer Fahrzeugparade aufgestellten Motorwagen.

Die Straßenbahn: Arbeitsplatz und Heimat

Zum Zeitpunkt der Übernahme der Märkischen Straßenbahn gab es im Fahrdienst des Betriebshofs Witten insgesamt 153 Mitarbeitende. Alle Beschäftigten des Fahrdienstes verfügten über eine Ausbildung als Fahrer und Schaffner.

Um die Mitarbeitenden und ihre Familien an das Unternehmen zu binden, errichtete die Westfälische Straßenbahn ab 1913 gemeinsam mit der Stadt Witten in unmittelbarer Nähe des Betriebshofes die Gartenstadt Crengeldanz. Der Bauerlaubnisschein wurde am 1. September 1913 ausgestellt. 1914 waren die ersten Häuser bezugsfertig. Die Siedlung bestand aus 38 Gebäuden mit 232 Zimmern, die im bergischen Stil errichtet wurden. Die Zimmer wurden später zu 73 Wohnungen zusammengefasst. Seit dem 24. November 1998 steht die Siedlung unter Denkmalschutz.

1914 wurde ein großer Teil der 328, am Ende des Geschäftsjahres 1912/13 bei der Westfälischen Straßenbahn Beschäftigten zum Militärdienst eingezogen. 27 Fahrer und Schaffner, elf Beschäftigte von Werkstätten und Bauabteilung sowie drei Mitarbeiter der Verwaltung kehrten aus dem Krieg nicht mehr zurück.

Die 1920er-Jahre: Hyperinflation und Ruhrbesetzung

In den 1920er-Jahren ging es wieder aufwärts. Der Personenverkehr lag 1921 mit rund sieben Millionen beförderten Personen auf dem Vorkriegsniveau, der Güterverkehr erreichte aufgrund eines Streiks bei der Reichsbahn im Februar 1921 über 15.000 Tonnen pro Monat.

In Bommern plante man den Ausbau des Straßenbahnnetzes nach Süden, in Annen eine Linie nach Dortmund; Projekte, die am Ende verworfen wurden. Umgesetzt wurde allein das bereits 1915 geplante Vorhaben, den Bahnübergang in Bommern durch eine neue Führung der Provinzialstraße (heute Bodenborn) und eine Brücke zu ersetzen. Am 21. Oktober 1921 meldete die „Volkszeitung Witten“, dass noch vor Jahresschluss mit der Inbetriebsetzung zu rechnen sei.

Schon bald gab es erste Anzeichen einer drohenden Krise: Am 17. Februar 1921 traten die Mitarbeitenden von 34 Straßenbahnbetrieben im rheinisch-westfälischen Industriegebiet in einen Streik, um mit Industriearbeitern vergleichbare Löhne durchzusetzen, auch in Witten. Erst am 23. Februar 1921 nahmen sie die Arbeit wieder auf. Im weiteren Verlauf des Jahres entwickelte sich die Geldentwertung zu einer immer gravierenderen Belastung. Die Löhne mussten noch fünf Mal erhöht werden. Am Jahresende lagen sie um 72,5 Prozent über dem Vorjahr. Im gleichen Zeitraum ging die Zahl der Fahrgäste um 5,3 Prozent zurück. Die Fahrt mit der Straßenbahn war nicht mehr bezahlbar.

Da die Gemeinden für die Verluste nicht aufkamen, beschloss der Aufsichtsrat der Westfälischen Straßenbahn am 11. Oktober 1922, den regulären Personenverkehr ab dem 16. Oktober 1922 auf allen Linien in Witten einzustellen. Für Menschen, die auf die Straßenbahn angewiesen waren, war es ab dem 30. Oktober an Werktagen möglich, in den Zugtriebwagen der Güterzüge mitzufahren, die Kohle von Sodingen über Castrop nach Annen transportierten. Ab dem 10. Dezember 1922 gab es an Sonn- und Feiertagen einen stündlichen Sonderverkehr zwischen Witten Markt und Castrop.

Ab dem 29. März 1923 war es möglich, an Werktagen auf der Linie E zwischen Witten und Castrop wieder einen regelmäßigen Personenverkehr im Stundentakt anzubieten. Zu Pfingsten 1923 fuhr die Straßenbahn im Ausflugsverkehr sogar bis Bommern. Die Probleme aber blieben. Um die Mitarbeitenden zu versorgen, gab die Westfälische Straßenbahn ab dem 24. August 1923 Gutscheine im Wert von fünf Millionen Mark aus. Mit diesem „Notgeld“ wurden vor allem Lebensmittel gekauft. Am 1. November 1923 musste der Straßenbahnverkehr erneut stillgelegt werden. Die Westfälische Straßenbahn war nicht einmal mehr in der Lage, den verbliebenen Mitarbeitenden Löhne in Höhe der Arbeitslosenfürsorge auszuzahlen.

Fahrscheine der Westfälischen Straßenbahn

Die Westfälische Straßenbahn GmbH übernahm mit der Märkischen Straßenbahn auch die Tarifstruktur des Wittener Netzes. Aus dieser Zeit blieben Muster von Fahrscheinen im Wert von 10, 15, 20 und 30 Pfennig sowie die Mustereinbände der Fahrscheinhefte für 10- und 15-Pfennig-Fahrscheine erhalten. Sie unterschieden sich von den Fahrscheinen der Märkischen Straßenbahn lediglich durch die neue Firmenbezeichnung des Verkehrsbetriebes und den nunmehr flächig gedruckten diagonalen Balken bei den Fahrscheinen für die kombinierte Hin- und Rückfahrt.

Das Erscheinungsbild der Fahrscheine änderte sich in den folgenden Jahren nicht. Die Darstellung des Liniennetzes wurde beibehalten. Allerdings zeigten die Fahrscheine schon bald das vollständige Netz der Westfälischen Straßenbahn. Ein neues Element war die Erfassung der Einstiegszeit, die nunmehr mit Hilfe von Zifferblättern für den Vor- und Nachmittag erfolgte.

Die Zeit des Ersten Weltkriegs sowie die durch Geldentwertung und Ruhrbesetzung gekennzeichnete Nachkriegszeit erforderte zunehmend kurzfristige Anpassungen der Fahrpreise. Am 15. Januar 1921 wurde ein Teilstreckensystem eingeführt. Die Teilstrecken wurden jetzt, ausgehend von der Teilstrecke 1 am Abzweig Harpen, fortlaufend nummeriert. Dem Wittener Netz wurden die Teilstrecken 3 (Castrop) bis 9 (Witten Mitte) zugeordnet.

Während der Hyperinflation stiegen die Fahrpreise in schwindelerregende Höhen. Erst nach der Einführung der neuen Reichsmark 1924 konnte wieder ein stabiler Fahrpreis eingeführt werden. Der Mindestpreis von 10 Pfennig wurde jetzt für eine Strecke von rund 1,5 Kilometern erhoben.

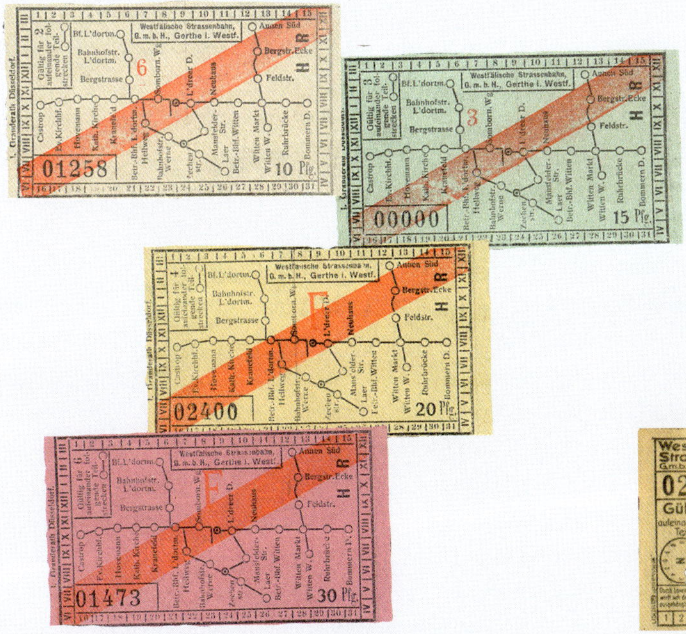

Musterfahrscheine aus der Zeit des Betriebsübergangs des Wittener Straßenbahnnetzes von der Märkischen Straßenbahn auf die Westfälische Straßenbahn GmbH. Unten rechts ein 1928 von der Westfälischen Straßenbahn ausgegebener Fahrschein mit den nummerierten Teilstrecken.

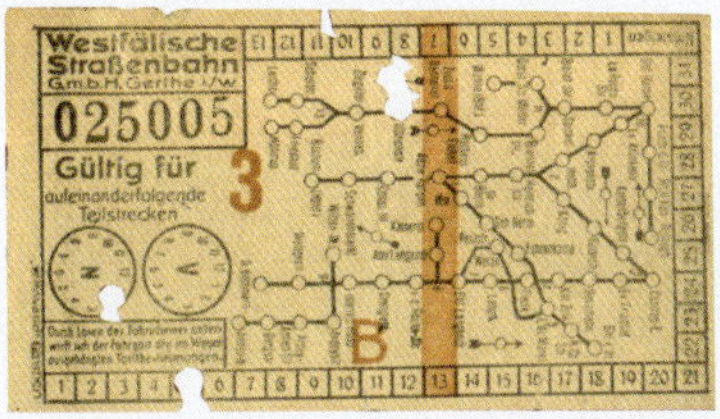

Normalisierung und Gemeinschaftsverkehr

Im Mai 1920 nahm in Essen der Siedlungsverband Ruhrkohlenbezirk (SVR) seine Arbeit auf. Zu seinen wesentlichen Aufgaben gehörte die regionale Raum- und Verkehrsplanung. Im Fokus stand so auch die Förderung einer Zusammenarbeit zwischen der Westfälischen Straßenbahn GmbH und der Bochum-Gelsenkirchener Straßenbahnen AG. Unter dem Druck von Geldentwertung und Fahrgastrückgang wuchs die Bereitschaft der einstigen Konkurrenten zur Zusammenarbeit.

Im Frühjahr 1924 waren auch die Besatzungstruppen zu Zugeständnissen bereit. Blockaden wurden aufgehoben. Am 24. Januar 1924 konnte die „Castroper Zeitung" über die Wiederaufnahme des Verkehrs auf der Strecke von Witten nach Annen berichten. Auch die zuvor unterbrochene Linie E kam zwischen Witten Markt und der Emschertalbahn in Castrop wieder in Fahrt.

Am 16. Februar 1924 kehrte die 1922 eingestellte Linie F zurück. Sie pendelte jetzt stündlich zwischen dem Bahnhof Lütgendortmund und Werne. Verstärkerwagen wurden vormittags als Linie F zwischen den Bahnhöfen in Lütgendortmund und Langendreer und nachmittags als Linie E zwischen dem Bahnhof Lütgendortmund und Witten Markt eingesetzt. Mitte März konnte schließlich auch der ruhende Linienverkehr zwischen Witten Markt und Bommern Denkmal reaktiviert werden.

Als erste der vom SVR angeregten Gemeinschaftslinien wurde am 7. Juni 1924 die Linie 4 (Walzwerk Höntrop–Bommern Denkmal) eingeführt. Für sie hatte man am Crengeldanz eine Gleisverbindung hergestellt. Die Fahrzeuge stellte überwiegend die Bochum-Gelsenkirchener Straßenbahnen AG. Die Wittener Endstelle der Linie E lag jetzt an der Ausweiche Wetterstraße. Die Linie F wendete aufgrund von Gleisbauarbeiten auf dem Werner Hellweg am Depot Lütgendortmund. Vom 26. Juli 1924 an konnte die Linie F über Werne und Langendreer Bahnhof zum Kaisersteg geführt werden. Der 40-Minuten-Takt wurde zwischen Kaisersteg und Langendreer Denkmal durch die Linie H zu einem 20-Minuten-Takt verdichtet. Ab dem 1. März 1927 übernahm die Linie H die Gesamtstrecke, die Linienbezeichnung „F" entfiel.

Am 1. August 1924 sorgte die Reichsmark für Planungssicherheit. Die eingleisigen Wittener Innenstadtstrecken erhielten ein zweites Gleis: 1926 zwischen der Haltestelle Crengeldanz und der Hauptstraße, 1927 zwischen dem Marienhospital und dem Kornmarkt sowie in der Bahnhofstraße.

Auf die „4" folgte am 1. Oktober 1927 als zweite Gemeinschaftslinie die Linie 10. Ihr Linienweg (Günnigfeld Ulrichstraße–Wattenscheid–Höntrop–Bahnhof Bochum Süd) wurde über Laer und Werne zum Bahnhof Langendreer verlängert. In Werne übernahm die Westfälische Straßenbahn zeitgleich von der Bochum-Gelsenkirchener Straßenbahnen AG den eingleisigen Streckenabschnitt über die Poststraße (heute Werner Heide) zur Wirtschaft „Berg". Die Trasse wurde saniert und anschließend von der Linie H im Einrichtungsverkehr mit der Parallelstrecke in der Schillerstraße (heute Kreyenfeldstraße) befahren.

Im September 1928 wurde die Linie 10 in Wattenscheid verkürzt und in Langendreer bis zum Kaisersteg verlängert. Der Gemeinschaftsverkehr auf der Linie 4 wurde am 10. August 1929 beendet. Sie wurde jetzt von der Bochum-Gelsenkirchener Straßenbahnen AG betrieben. Die Linie E übernahm am 11. August 1929 wieder den Abschnitt zwischen Witten und Bommern Denkmal.

Mit der Aufnahme des Gemeinschaftsverkehrs fuhren erstmals Fahrzeuge der Bochumer-Gelsenkirchener Straßenbahnen AG durch Witten. Das Foto entstand 1928 an der Endstelle Bommern Denkmal.

Auf dem am 16. Juni 1927 in der Ruhrstraße aufgenommenen Foto ist im Vordergrund der 1926 von der Waggonfabrik Uerdingen als Schienenschleifwagen gelieferte Arbeitswagen 531 zu sehen. Im Hintergrund steht ein auf der Linie 4 eingesetzter Bochumer Triebwagen vor dem Gasthaus „Zur alten Zeit".

Nur für kurze Zeit fuhr die Linie E von Witten Markt zum Bahnhof Lütgendortmund.

Ab Juli 1924 übernahm die Linie F die Strecke vom Bahnhof Lütgendortmund zum Kaisersteg.

Am 1. März 1927 wurde aus der Linie F die Linie H.

Dieses Ansichtskartenmotiv der Linie H entstand 1931 im Zentrum von Lütgendortmund.

Witten–Heven–Herbede

Zu den ehrgeizigen Ausbauplänen der Westfälischen Straßenbahn gehörte in den 1920er-Jahren insbesondere eine Weiterführung des Straßenbahnnetzes über das Stadtzentrum von Witten bis Herbede und darüber hinaus über Steinenhaus bis Blankenstein. Das Projekt stand in direkter Verbindung mit dem Plan des Siedlungsverbands Ruhrkohlenbezirk, die Ortschaften Wetter, Witten und Herbede mit der Fernstraße OW V (Ost-West V) zu verbinden. Für die Verbandsstraße sollte auch eine neue Ruhrbrücke zwischen Heven und Herbede errichtet werden.

Die Westfälische Straßenbahn war dem Straßenbau voraus. Bereits am 1. Oktober 1929 konnte eine Neubaustrecke zwischen der Bahnhofstraße und der im Bau befindlichen Ruhrbrücke mit 7,325 Kilometern Gleislänge eröffnet werden. Sie erhielt die Linienbezeichnung „O". Die eingleisig mit Ausweichen ausgeführte Trasse lag zwischen der Sprockhöveler Straße und Heven sowie zwischen Heven und der Ruhrbrücke auf einem eigenen Bahnkörper. Die Stromzufuhr erfolgte über eine moderne Kettenfahrleitung.

Am 31. April 1931 hatte die Westfälische Straßenbahn auch in Herbede die Gleisanlage fertiggestellt. Es dauerte jedoch noch drei Jahre, bis die Linie O bis zum Amtshaus weitergeführt werden konnte. Voraussetzung dafür war die Fertigstellung der im Volksmund als Omega-Brücke bezeichneten Brücke über die Ruhrtalbahn. Am 4. Juli 1934 konnte der gesamte Straßenzug mit der Ruhrbrücke, einer Brücke über den Herbeder Mühlengraben und der Eisenbahnbrücke eröffnet werden.

Die Endstelle lag zunächst in Höhe des Amtshauses in der Verbandsstraße (heute Wittener Straße). Im vierten Quartal 1939 wurde die Strecke in die heutige Vormholzer Straße verlegt. Am 7. Mai 1940 war nach langer Bauzeit schließlich auch die mit einem Umsetzgleis ausgestattete Endstelle in der Hauptstraße betriebsbereit. Die geplante Weiterführung nach Hattingen fiel der Wirtschaftskrise und der Insolvenz der Westfälischen Straßenbahn zum Opfer.

Mit dem Ausbau des Netzes stieg auch der Fahrzeugbedarf. Der Wittener Betriebshof musste an die neuen Anforderungen angepasst werden. In einem ersten Bauabschnitt wurde die Wagenhalle 1926 auf der Ostseite geöffnet und um zwei Hallengleise ergänzt. Zugleich erhielt der Betriebshof eine moderne Backsteinfassade.

1928 wurde der Betriebshof erneut umgebaut. Inzwischen bezog die Westfälische Straßenbahn den Bahnstrom von den Vereinigten Elektrizitätswerken Westfalen (VEW). Die Umformeranlage des VEW, die sich im Kessel- und Maschinenhaus befand, konnte in einem Neubau auf dem Betriebsgelände untergebracht werden. Auch die ursprünglich auf der Südseite der Wagenhalle vorhandene Schiebebühne wurde nicht mehr gebraucht. Nach der Entkernung und dem Abbruch des Kessel- und Maschinenhauses wurde die Wagenhalle nach Süden verlängert. Dadurch wurden 16 zusätzliche Stellplätze gewonnen.

Die Neubaustrecke der Westfälischen Straßenbahn wurde mitten durch den Dorfkern von Heven geführt. Der Kolonialwarenhändler und Drogist Friedrich Körmann warb mit einer Ansichtskarte, auf der die Straßenbahn nicht fehlen durfte, für sein Geschäft.

Bevor die Straßenbahn nach Herbede fahren konnte, musste der Brückenzug über die Ruhr und die Ruhrtalbahn fertiggestellt werden. Links im Vordergrund lag die bis Anfang Dezember 1939 genutzte Endstelle in der Verbandsstraße.

Wüstenschiffe und Stahlwagen

Für den Betrieb der modern ausgebauten Überlandstrecken zwischen Gerthe und Harpen sowie der Neubaustrecke nach Herbede benötigte die Westfälische Straßenbahn passende Fahrzeuge. Von der Industrie wurden inzwischen Triebwagen mit vollständig aus Stahl gefertigten Wagenkästen angeboten.

Erneut gehörte die Westfälische Straßenbahn zu den mutigsten und innovationsfreudigsten Verkehrsunternehmen ihrer Zeit. Im Dezember 1924 bestellte sie bei der Waggonfabrik Uerdingen fünf Triebwagen mit Krupp-Kardanantrieb und radialer Kurveneinstellung. Sie wurden zwischen Oktober 1925 und März 1926 mit den Betriebsnummern 41 bis 45 in den Wagenpark eingereiht. Über den Jahreswechsel 1927/28 folgten sechs weitere Triebwagen mit

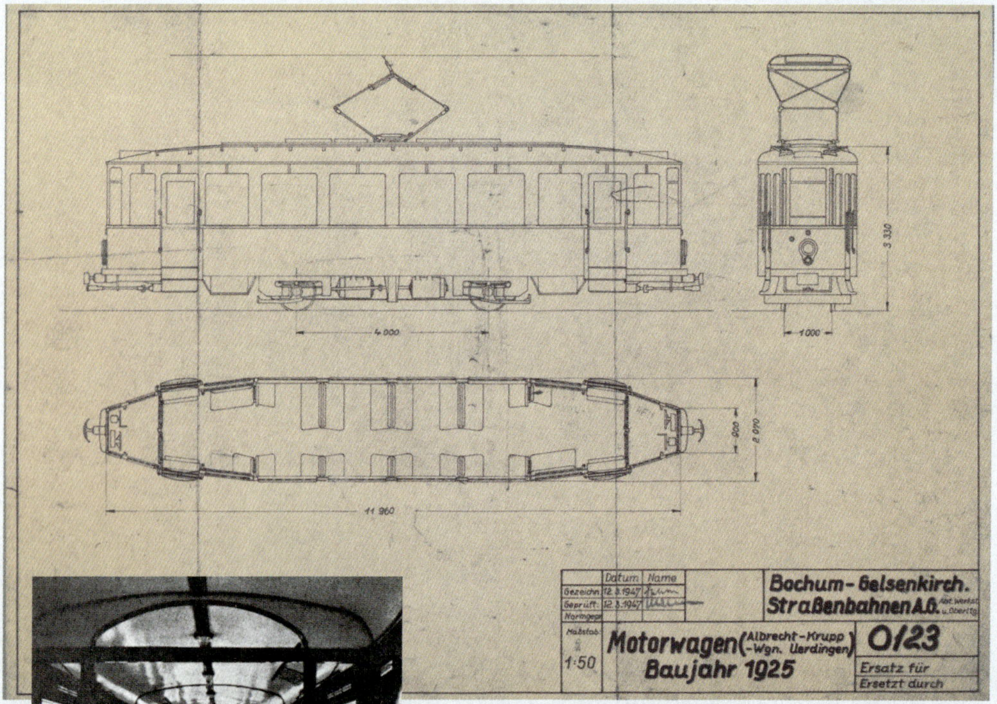

Um bei der Kurvenfahrt auf zweigleisigen Strecken das Lichtraumprofil einzuhalten, wurden der Wagenkasten der Triebwagen 41 bis 51 zu den Führerständen hin verjüngt. Ein von den Fahrgästen geschätztes Detail waren die gepolsterten Sitzplätze.

Die 1929 gelieferten Triebwagen 61 bis 70 hatten wieder einen „klassischen" Wagenkasten. Unmittelbar nach der Auslieferung begann im Betriebshof Witten die Personalschulung. Der Triebwagen im Hintergrund ist als Linie K (Bahnhof Witten West–Bahnhof Annen Nord) beschildert.

den Betriebsnummern 46 bis 51. Im Jahresbericht 1928 wurden die Fahrzeuge mit einigem Stolz als „Großraumwagen modernster Konstruktion" bezeichnet.

Der Wagenkasten, der 28 Sitz- und 30 Stehplätze bot, war mit 11,96 Metern fast drei Meter länger als die Wagenkästen herkömmlicher Zweiachser. Mit einem Gewicht von 14,25 Tonnen waren die neuen Fahrzeuge aber auch recht schwer. Da die modernen Wagen aufgrund ihrer Länge zum Schaukeln neigten, gaben die Straßenbahner ihnen den Spitznamen „Wüstenschiff".

Die neuen Triebwagen kamen anfangs vor allem auf der Linie A zwischen Bochum und Castrop zum Einsatz. Mit der Inbetriebnahme der Linie von Witten nach Herbede wurden sie schon bald auch im Wittener Netz eingesetzt.

1929 beschaffte die Westfälische Straßenbahn für die Herbeder Linie zehn weitere, gänzlich aus Stahl gefertigte Triebwagen. Sie waren mit 10 Metern nicht ganz so lang wie ihre Vorgänger und mit 12,19 Tonnen auch leichter. Die Fahrzeuge verfügten über 22 Sitz- und 28 Stehplätze. Sie erhielten die Betriebsnummern 61 bis 70. Passend zu den Triebwagen wurden 1929 auch sechs Beiwagen von der Waggonfabrik Uerdingen geliefert (Betriebsnummern 170 bis 175).

Von den „Wüstenschiffen" überlebten nur drei Triebwagen den Zweiten Weltkrieg. Triebwagen 51 wurde 1951 versuchsweise zum Lenkdreiachser umgebaut. Er war bis 1962 in Witten im Einsatz. Zwei weitere Triebwagen (42 und 43) wurden im Juni 1952 ausgemustert. Die Wagen des Baujahres 1929 waren mit Ausnahme eines Kriegsverlustes (70) bis zum Mai 1968 vom Betriebshof Bochum aus im Einsatz. Die Beiwagen wurden bis August 1955 ausgemustert.

Fahrt in den Konkurs

Die Westfälische Straßenbahn finanzierte den Ausbau und die Modernisierung ihres Straßenbahnnetzes in den 1920er-Jahren mit international aufgenommenen Krediten. Infolge der weltweiten Wirtschaftskrise ab 1929 gingen die Fahrgastzahlen und dadurch auch die Einnahmen dramatisch zurück. 1930 ergab sich aus den Betriebseinnahmen ein Verlust von 219.700 Reichsmark. Einschließlich der in den Vorjahren zu niedrig angesetzten Abschreibungen ergab sich ein Gesamtverlust von 2,75 Millionen Reichsmark, der Ende 1930 zur Zahlungsunfähigkeit führte.

Um die Verluste zu begrenzen, wurde das Verkehrsangebot reduziert: In Witten wurde der kurze Streckenabschnitt von der Bahnhofstraße zum Bahnhof Witten West am 1. Oktober 1930 bis auf Weiteres eingestellt. Die Linie O wurde von der Ruhrbrücke in Herbede kommend bis Annen verlängert. Die Linie K verkehrte nur noch nachmittags als Verstärkerlinie zwischen Witten Markt und Annen Nord. Das Teilstück zum Bahnhof Annen Süd hatte man schon Mitte der 1920er-Jahre stillgelegt. Der als Insolvenzverwalter eingesetzte Bochumer Rechtsanwalt Dr. Pean führte die Geschäfte zunächst weiter. Im August 1931 beauftragte er die Bochum-Gelsenkirchener Straßenbahnen AG mit der Betriebsführung der Westfälischen Straßenbahn.

Am 12. Dezember 1931 musste die Westfälische Straßenbahn GmbH Konkurs anmelden, nachdem der Hauptgläubiger, die „Bank voor Financierung von Elektricitäts-Onderneemingen“ aus Amsterdam, die Rückzahlung einer Anleihe einforderte. In Summe belief sich die Forderung auf 1,8 Millionen Gulden. Weitere Ansprüche hatten die Städte Bochum und Witten, die Vereinigten Elektrizitätswerke, die Landesbank der Provinz Westfalen sowie private Gläubiger.

Am 1. Februar 1932 senkte die Bochum-Gelsenkirchener Straßenbahnen AG die Fahrpreise der Westfälischen Straßenbahn. Um die durch Lohnerhöhungen gestiegenen Kosten in den Griff zu bekommen, reduzierte sie auf einigen Linien die Frequenz. In Werne wurde die Strecke in der Schillerstraße (heute Kreyenfeldstraße) zwischen dem Amtshaus und dem Hellweg aufgegeben.

Die Einschränkungen halfen der Westfälischen Straßenbahn nicht. Am 8. Dezember 1937 wurde das weiterhin schwebende Konkursverfahren mit einem Zwangsvergleich beendet. Alle Sachwerte der Gesellschaft wurden der Bochum-Gelsenkirchener Straßenbahnen AG übereignet. Am 28. April 1942 stimmte die Gesellschafterversammlung der Liquidation der Westfälischen Straßenbahn GmbH zu.

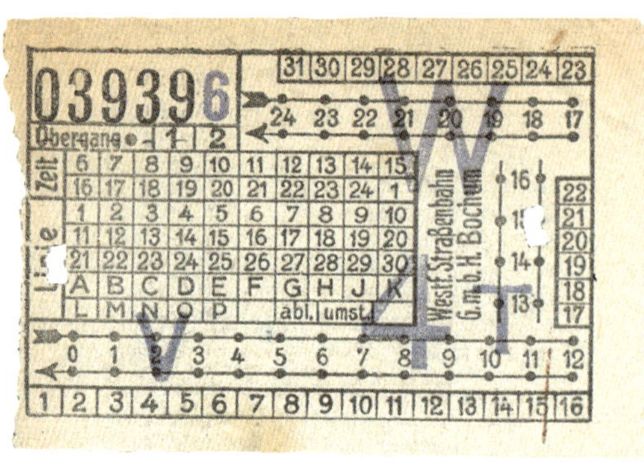

Anfang der 1930er-Jahre wurden das Zahlgrenzensystem und das Erscheinungsbild der Fahrscheine der Westfälischen Straßenbahn dem der Betriebsführerin angepasst. Dieser „Tabellenfahrschein“ wurde auf der Omnibuslinie J an der Haltestelle Langendreerholz ausgegeben. Weitere Markierungen waren nicht notwendig, da es nur auf der „J“ mehr als elf Zahlgrenzen gab.

Dieses Ansichtskartenmotiv mit dem Traditionsgasthaus „Zur alten Zeit" und Triebwagen 6 auf der nur nachmittags verkehrenden Verstärkerlinie K wurde am 7. Dezember 1930 verschickt.

Regulär waren die 1929 gelieferten „Stahlwagen" auf der Linie O zwischen Heven und dem Bahnhof Annen Nord im Einsatz. Hier kreuzen die Triebwagen 68 und 62 am Markt.

Dieses Motiv aus den 1930er-Jahren wurde vom Kirchplatz der Johanniskirche in Richtung Markt und Ruhrstraße aufgenommen. Triebwagen 15 ist auf der Linie E auf der Hauptstraße in Richtung Bommern unterwegs. Im Vordergrund ist der Sackträger-Brunnen zu sehen, links neben der Straßenbahn das im Zweiten Weltkrieg zerstörte Geschäftshaus von C. Meisenkothen.

Ende 1920 wurde die Straßenbahntrasse in Bommern von der Ruhrmannstraße auf die neue Provinzialstraße verlegt. Die Ruhrbrücke aus dem Jahr 1885 wurde 1936 durch einen Neubau ersetzt. Vom 2. Januar bis zur Eröffnung der Brücke am 11. Juni 1936 war der Straßenbahnbetrieb in Bommern eingestellt. Das Ansichtskartenmotiv entstand 1937. Es zeigt ausnahmsweise keinen Triebwagen des Personenverkehrs, sondern den 1913 gebauten Schienenreinigungswagen 503.

Im Herbst 1937, wenige Wochen vor der Einstellung der Linie H, entstand dieses Bild von Triebwagen 5 am Bahnhof Langendreer.

3

Bochum-Gelsenkirchener Straßenbahnen AG

Zum 1. Januar 1938 übernahm die Bochum-Gelsenkirchener Straßenbahnen AG die Linien der Westfälischen Straßenbahn GmbH. In Witten blieben die meisten Strecken in Betrieb. Sie erhielten jedoch neue Streckenführungen und neue Bezeichnungen.

Die am 1. Mai 1930 eingerichtete, nur sonntags zwischen dem Markt in Witten und dem Bahnhof in Langendreer verkehrende Verstärkerlinie P hatte man bereits am 2. Oktober 1937 eingestellt.

Am 31. Dezember 1937 folgte die Aufgabe der Linie H Kaisersteg–Langendreer Bahnhof–Werne–Lütgendortmund Markt–Lütgendortmund Bahnhof. Sie wurde auf dem Teilstück vom Kaisersteg zum Bahnhof Langendreer durch die Omnibuslinie L ersetzt. Zwischen dem Bahnhof Langendreer und Werne übernahm die Straßenbahnlinie 20, zwischen Lütgendortmund Markt und Lütgendortmund Bahnhof die Linie 17. Auf dem Teilstück zwischen Werne und Lütgendortmund Markt gab es keinen Ersatz.

Vermutlich im Frühsommer 1938 wurde das Ansichtskartenmotiv der Linie 10 am Bahnhof Witten West aufgenommen. Der Triebwagen trägt noch die Aufschriften der zu diesem Zeitpunkt bereits abgelösten Westfälischen Straßenbahn GmbH.

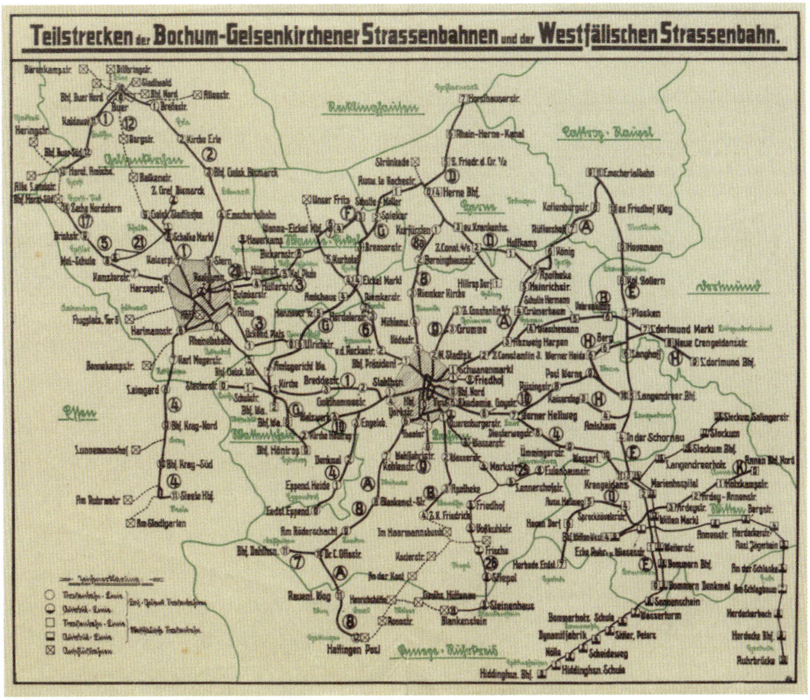

Streckenplan August 1939.

Am 1. Februar 1938 war der Umbau des Netzes abgeschlossen. Die verbliebenen Strecken des Wittener Netzes wurden ab dem 1. Februar 1938 von folgenden Linien befahren:

Straßenbahnlinien
Linie 10 Höntrop Kirche–Bochum–Witten–Bahnhof Witten West
Linie 17 Bochum–Harpen–Lütgendortmund Markt–Lütgendortmund Bahnhof
Linie 20 Oberdahlhausen–Bochum–Laer–Werne–Bahnhof Langendreer Nord
Linie 23 Bahnhof Annen Nord–Witten Markt–Heven–Herbede
Linie 27 Bommern Denkmal–Witten–Castrop-Rauxel Emschertalbahn
Linie 29 Bahnhof Annen Nord–Witten Markt/Johannisstraße (Verstärker)

Omnibuslinien
Linie J Witten Markt–Langendreerholz/Ostbahnhof–Stockum Bahnhof–Stockum
Linie K Hiddinghausen Bahnhof–Bommern Denkmal–Markt–Herdecke Ruhrbrücke
Linie L Bahnhof Langendreer Nord–Kaisersteg

Die Omnibuslinie L wurde am 22. Februar 1943 wieder auf den Straßenbahnbetrieb umgestellt. Einerseits war Treibstoff knapp, andererseits wurden entbehrliche Omnibusse an die Wehrmacht abgegeben. Zeitweise fuhr die neue Straßenbahnlinie 22 von Langendreer auch als Verstärker der Linie 27 bis zur Emschertalbahn in Castrop-Rauxel.

Dunkle Jahre

Bei den Reichstagswahlen am 5. März 1933 erreichte die Nationalsozialistische Partei (NSDAP) in Witten mit 16.245 von 48.034 Stimmen das höchste Wahlergebnis, zweitstärkste Kraft waren die Sozialdemokraten mit 13.118 Stimmen. Mit der Deutschen Gemeindeordnung vom 1. Januar 1935 wurden alle weiteren Wahlen ausgesetzt.

Oberbürgermeister der Stadt Witten wurde Dr. Erich Zintgraff (1898–1944). Auf Anregung seines Castroper Amtskollegen Dr. Richard Anton (1887–1977) inszenierte er am 1. Juli 1939 das 100. Jubiläum der „Personenfahrt“ zwischen Witten und Castrop. Die dazu herausgegebene Sonderansichtskarte (unten) bezog auch die seit 1901 bestehende Straßenbahnverbindung in die Feierlichkeiten mit ein.

Die Bochum-Gelsenkirchener Straßenbahnen AG beteiligte sich gerne an solchen Anlässen. Unter der Leitung des am 28. Juni 1933 durch die NSDAP eingesetzten kaufmännischen Direktors Ernst Riemenschneider (1900–1960) wurde der Betrieb gleichgeschaltet. Die Löhne der Beschäftigten wurden gekürzt, politisch oder aufgrund der Religion unerwünschte Mitarbeitende wurden entlassen.

1937 gehörte die Straßenbahn zu den ersten Unternehmen im Raum Bochum, denen die von der Deutschen Arbeitsfront ausgelobte Auszeichnung als „nationalsozialistischer Musterbetrieb“ verliehen wurde. Schon bald jedoch gab es kaum noch Raum für Propaganda und Feierlaune: Während des Zweiten Weltkriegs wurde die Versorgungslage in den Städten des Ruhrgebiets immer schwieriger, es mehrten sich die Nachrichten von im Feld gefallenen Soldaten. Im September 1939 wurden Frauen für den Schaffnerdienst angeworben, ab 1943 waren sie im Fahrdienst tätig. Darüber hinaus wurden Schüler und junge Frauen als Aushilfen rekrutiert. Unter ihnen waren 24 „Arbeitsmaiden“ für den Betriebshof Witten. Sie stammten nicht aus der Region und wurden deshalb im „Martineum“ an der Wideystraße untergebracht. Auch über hundert Zwangsarbeiter, darunter vor allem Niederländer und Franzosen, aber auch Polen und Russen waren bei der Straßenbahn beschäftigt.

Bei den ab 1940 zunehmenden Luftangriffen auf das Ruhrgebiet wurden immer größere Teile der Infrastruktur zerstört. Witten wurde von 91 Luftangriffen heimgesucht. Besonders schwere Schäden entstanden am 12. Dezember 1944 und am 19. März 1945. Am Ende waren rund 80 Prozent der Innenstadt zerstört. Unter der Zivilbevölkerung gab es 565 Tote und rund 1.000 Verletzte.

Ab 1937 war die Bochum-Gelsenkirchener Straßenbahnen AG ein NS-Musterbetrieb.

Der Wagenführer dieses Straßenbahnwagens suchte am 12. Dezember 1944 Schutz unter der Eisenbahnbrücke an der Kreuzung der Ruhr-, Gas- und Wetterstraße. Im Hintergrund ist die Ruine des schwer getroffenen Hauses Berge zu erkennen. Der schwer beschädigte Triebwagen 25 wurde abgestellt. Im Juli 1951 wurde er ausgemustert.

4

Neubeginn

Am 11. April 1945 besetzten zunächst amerikanische Truppen die Stadt. Im weiteren Jahresverlauf kam Witten unter britische Verwaltung. Der Betrieb der Wittener Straßenbahn war erst infolge des Großangriffs vom 19. März 1945 eingestellt worden. Die Alliierten unterstützen einen schnellen Wiederaufbau. Wie im benachbarten Bochum wurde auch in Witten schweres Gerät eingesetzt, um die Hauptstraßen zu räumen.

Der Betriebshof in Witten war nur zu etwa 20 Prozent beschädigt. Der Linienverkehr im Wittener Netz konnte deshalb schon ab Ende Mai 1945 wieder aufgenommen werden. Im Oktober 1946 waren die Hauptachsen befahrbar. Die einzige Ausnahme war die Strecke von Heven nach Herbede. Sie war an der von deutschen Truppen in der Nacht vom 14. zum 15. April 1945 gesprengten Ruhrbrücke unterbrochen.

In den ersten Nachkriegsjahren konnte man die Brücke von Herbede aus nur über eine Holzrampe erreichen. Die Straßenbahn fuhr von Heven kommend über die noch intakten Betonbögen bis zur Brückenmitte. Beinahe zu einer Katastrophe kam es, als am 13. Januar 1947 der Brückenbogen, auf dem sich die Endstelle befand, kollabierte. Ein mit 30 Fahrgästen besetzter Straßenbahnwagen rutschte mit den Brückenteilen in die Ruhr. Wie durch ein Wunder blieben die meisten Fahrgäste unverletzt.

Die nach und nach hergerichteten Straßenbahnwagen waren in den ersten Monaten der Friedenszeit meist völlig überfüllt: Viele Menschen mussten weite Wege zurücklegen, um von ihren Notquartieren zu den Arbeitsplätzen zu gelangen oder um Lebensmittel zu organisieren.

In der Hoffnung auf einen bevorzugten Umtausch von Münzen bei der erwarteten Währungsreform horteten die Menschen in dieser Zeit ihr Kleingeld. Um Wechselgeld ausgeben zu können, führte die Straßenbahn ab Mitte 1947 Gutscheine über 10 Reichspfennig ein. Diese „Wechselgeldfahrscheine“ konnten bei der nächsten Fahrt gegen einen „echten“ Fahrschein im Wert von 20 Reichspfennig getauscht werden. Vom 5. Dezember 1947 an wurden anstelle der Wechselgeldfahrscheine aus Eisen gestanzte Fahrmarken ausgegeben. Sie waren bis zum 20. Juni 1948, dem Tag der Währungsreform, gültig.

Die Gestaltung der ersten Nachkriegs-Fahrscheine orientierte sich am Erscheinungsbild der 1930er-Jahre. Ein Beispiel dafür ist der im April 1947 ausgegebene Fahrschein zu 20 Reichspfennig. Um der Wechselgeldnot zu entgehen, wurden ab Dezember 1947 Fahrmarken ausgegeben.

Vom Rathausturm bot sich nach Kriegsende dieses Bild der Hauptstraße. In der Trümmerlandschaft ist ein ehemals Herner Triebwagen (Betriebsnummer 15 oder 16) auf dem Weg zum Marienhospital.

Zwei Triebwagen der ehemaligen Straßenbahn der Stadt Herne hatten den Krieg nur mit geringen Schäden überstanden. Am 7. August 1950 gehörten sie zur „Stammbesetzung" auf der Linie 27.

Der beim Einsturz der Herbeder Ruhrbrücke am 13. Januar 1947 havarierte Triebwagen 26 wurde geborgen, repariert und war noch bis 1961 im Einsatz. Als Ersatz für die Brücke wurde zunächst ein Fährdienst eingerichtet. Am 25. November 1947 wurde dieser von einer Notbrücke abgelöst.

Am 7. November 1952 konnte die wiederaufgebaute Herbeder Ruhrbrücke für den Verkehr freigegeben werden. Bereits ein Jahr zuvor, am 3. Dezember 1951, hatte die Straßenbahnwerkstatt den Umbau des „Wüstenschiffs" 51 zum „Lenkdreiachser" 187 abgeschlossen. Obwohl sich das moderne Fahrwerk bewährte, setzten sich bei der Bochum-Gelsenkirchener Straßenbahnen AG – im Gegensatz zu München – Großraumwagen mit Drehgestellen durch. Der durchgehend in Witten stationierte Versuchswagen wurde im August 1962 verschrottet.

Im Frühjahr 1952 fuhr die Linie 12 zum Brückenkopf in Heven. Die zwischen 1913 und 1926 an die Westfälische Straßenbahn gelieferten Triebwagen wurden, sofern sie Kriegsschäden erlitten hatten, neu karossiert. 1951 erhielten die dem Betriebshof Witten zugeordneten Fahrzeuge 150er-Nummern. Die Triebwagen, die zum Betriebshof Wiemelhausen kamen, wurden mit 40er-Nummern im neu geordneten Wagenpark geführt. Links ist eine Werbetafel der Dortmunder Bauunternehmung Heinrich Butzer zu erkennen. Sie hatte den Auftrag zum Wiederaufbau der Ruhrbrücke erhalten.

1948 entstand an der Endstelle Emschertalbahn dieses Bild beim Zusammentreffen der Linien 22 mit Fahrtziel Langendreer Alter Bahnhof und der Linie 7 mit Fahrtziel Bochum Hauptbahnhof.

Noch 1950 erschien eine Ansichtskarte mit dem Motiv der Linie 22 auf der „Kaisersteg"-Linie vor dem wiederaufgebauten Amtshaus in Langendreer.

Streckenrückbau

Zu den Linien, die nach dem Zweiten Weltkrieg schon bald wieder verfügbar waren, gehörte die „27" zwischen Bommern und Castrop-Rauxel. Auch die Verbindung zwischen dem Kaisersteg und dem Denkmal in Langendreer sollte zurückkehren. Auf dem Liniennetzplan des Jahres 1945 ist sie bereits als Linie 22 verzeichnet. In Betrieb genommen wurde sie im Herbst 1946 nach der Erneuerung der Fahrleitung und des Oberbaus.

Am 15. April 1948 wurde die Zuordnung geändert. Die Linie 22 fuhr jetzt von Langendreer bis zur Emschertalbahn in Castrop-Rauxel, während die Linie 27 zwischen Bommern und dem Bahnhof Langendreer verkehrte. Verspätungen konnten jetzt besser kompensiert werden.

Auf der überwiegend eingleisigen Überlandstrecke zwischen Langendreer und Castrop-Rauxel mussten die Gleise dringend gewechselt werden: Sie waren durchschnittlich 30 Jahre im Gebrauch und entsprechend verschlissen.

Nach Berechnungen der Bochum-Gelsenkirchener Straßenbahnen AG war ein langfristiger Fortbestand der Straßenbahnverbindung von Witten nach Castrop-Rauxel nicht wirtschaftlich. Die Kosten für den Neubau konkurrierten mit den geringen Anschaffungs- und Betriebskosten moderner Omnibusse. So beschloss der Aufsichtsrat der Straßenbahn, die Linie 22 zwischen Langendreer und der Emschertalbahn am 31. Mai 1951 stillzulegen. Als Ersatz kam die Omnibuslinie 78.

Auch die Linie 27 hatte nur noch kurz Bestand: Am 24. Juli 1951 wurde im Aufsichtsrat entschieden, den Straßenbahnbetrieb der Linie 27 zwischen Crengeldanz und Langendreer Bahnhof sowie den Restbetrieb der Linie 22 auf der Stichstrecke von Langendreer Bahnhof zum Alten Bahnhof (Kaisersteg) zu beenden. Am Abend des 30. November 1951 fuhr der letzte Linienwagen von Witten nach Langendreer. Die Strecke zwischen Langendreer und Witten übernahm die Omnibuslinie 78, den Abschnitt von Langendreer zum Alten Bahnhof die Omnibuslinie 79. Zwischen Witten Markt und Bommern Denkmal übernahm die Straßenbahnlinie 10 den Dienst der Linie 27.

Abschiedsfahrt der Linie 22 in Dortmund-Bövinghausen am 31. Mai 1951.

Im Sommer 1951 war der Wiederaufbau der Innenstadt bereits weit fortgeschritten. Vor dem Neubau des Marienhospitals wurde ein doppelgleisiges Dreieck angelegt, die Ardeystraße wurde 1952 zweigleisig ausgebaut. Die Trasse in der Johannisstraße konnte danach stillgelegt werden.

Ein „klassisches" Wittener Ansichtskartenmotiv ist die Kreuzung am Crengeldanz. Zu den zeitgenössischen Accessoires des für den Lübecker Verlag Schöning & Co. aufgenommenen Motivs gehört die Verkaufsstelle der „Ruhr Nachrichten".

Triebwagen 45 wurde als letzte „27“ nach Brauch der Jäger mit einem Tannenzweig geschmückt. Die Tafel, die auf den besonderen Anlass hinweisen sollte, wurde später für die Veröffentlichung in den Betriebsmitteilungen der Straßenbahn ergänzt.

Der Wittener Omnibusbetrieb

1925 hatte sich die Westfälische Straßenbahnen GmbH an der Gründung der Kraftverkehrsgesellschaft Ruhr beteiligt. Im selben Jahr wurden für den zunächst noch auf eigene Rechnung durchgeführten Betrieb der ersten Omnibuslinien in Witten acht dreiachsige Büssing-Omnibusse beschafft. Die Fahrzeuge wurden in der Wagenhalle des Betriebshofs Witten eingestellt. Sie erhielt dafür eine gepflasterte Zufahrt.

Am 1. April 1926 übernahm die Kraftverkehrsgesellschaft Ruhr den Omnibusbetrieb. Durch den Umbau des ehemaligen Maschinenhauses erhielten die auf den Wittener Omnibuslinien zwischen Hiddinghausen und Stockum sowie zwischen dem Bahnhof Witten West und Herdecke eingesetzten Omnibusse eine eigene Garage.

Die Inbetriebnahme weiterer Omnibuslinien Anfang der 1950er-Jahre führte im Wittener Betriebshof zu erheblichen Platzproblemen. Vor diesem Hintergrund begannen 1950 die Planungen für einen separaten Omnibusbetriebshof auf dem als Baulager genutzten Ziegeleigelände hinter dem Straßenbahnbetriebshof.

1954 wurde mit dem Bau begonnen, am 15. Dezember 1955 waren die Abstellhalle und die Werkstatt fertiggestellt. Insgesamt bietet der Betriebshof seither auf einer überdachten Stellfläche von rund 1.800 Quadratmetern Platz für 35 Omnibusse.

Für das nach dem Zweiten Weltkrieg stetig wachsende Netz der Omnibuslinien entstand Anfang der 1950er-Jahre auf dem Kornmarkt der Wittener Omnibusbahnhof. Im Hintergrund werden gerade letzte Handwerkerarbeiten am Erweiterungsbau des Rathauses abgeschlossen. ▲

Um den hohen Fahrgastandrang auf der Linie 78 Bommern–Castrop-Rauxel zu bewältigen, wurde im Winter 1954 ein von Büssing ausgeliehener Doppeldeck-Omnibus Berliner Bauart getestet. Am Ende setzten sich bei der Bochum-Gelsenkirchener Straßenbahnen AG Gelenkomnibusse durch.

◄ Die schlichte Klinkerfassade unterstreicht die Ästhetik der Stahlbetonkonstruktion.

Wirtschaftswunder

Die 1950er- und 1960er-Jahren werden auch gerne als die Jahre des deutschen Wirtschaftswunders bezeichnet. Tatsächlich vermittelten die nach der weitgehenden Zerstörung von Grund wiederaufgebauten Städte an der Ruhr durchweg ein modernes Stadtbild. In Witten entstand durch den Abbruch der im Krieg stark zerstörten Häuserzeile zwischen Kornmarkt, Rathaus und Bahnhofstraße ein großzügiger neuer Innenstadtplatz. In der Hauptstraße wurde die neue Zentralhaltestelle Witten Markt für die Straßenbahn und die am Straßenrand haltende Omnibuslinie 78 angelegt. Für alle anderen Omnibuslinien und den langsam aufkommenden Reiseverkehr mit Omnibussen entstand auf dem ehemaligen Kornmarkt ein neuer Busbahnhof.

Die Hauptstraße wurde zwischen dem Rathaus und dem Marienhospital zu einer breiten Innenstadtachse ausgebaut. Ein im Laufe des Jahre 1951 angelegtes doppelgleisiges Wendedreieck vor der modernisierten Fassade des Marienhospitals verband die Trasse in der Hauptstraße mit der Crengeldanz- und Ardeystraße. Es ermöglichte die Stilllegung der alten Straßenbahntrasse in der Johannisstraße. Anfang 1952 konnte die Straßenbahn bereits die neue Streckenführung nutzen.

1952 erhielt die Linie 32 (Bahnhof Annen Nord–Heven) die Liniennummer 12. Die als Verstärkerlinie zwischen Annen und der Innenstadt eingesetzte Linie 29 wurde zur Linie 11. Mit der Umstellung wollte man den Fahrgästen entgegenkommen, indem nunmehr alle in Witten

Im November 1952 war der Wiederaufbau der Ruhrbrücke in Herbede abgeschlossen. Auf dem 1955 entstandenen Ansichtskartenmotiv ist Triebwagen 82 auf der Fahrt von Herbede nach Witten-Annen zu sehen. Im Hintergrund sind die „Omega"-Brücke und das Amtshaus Herbede zu erkennen.

1957 herrscht in der Wittener Bahnhofsstraße wieder geschäftiges Treiben. Die Straße gehört dem Autoverkehr, die Fußgänger drängen sich auf schmalen Bürgersteigen. Auf der Linie 12 werden aufgrund der starken Nachfrage zeitweise zwei Beiwagen eingesetzt.

verkehrenden Straßenbahnlinien – 10, 11 und 12 – im Fahrplanheft hintereinander angeordnet werden konnten. Die Umstellung wurde in der Januar-Ausgabe der „Betriebsmitteilungen" angekündigt, im Februar 1952 war sie bereits vollzogen. Der nur durch Aushänge kommunizierte Stichtag ist nicht mehr bekannt.

Die letzte vom Krieg gebliebene Lücke im Streckennetz wurde am 7. November 1952 mit dem Abschluss des Wiederaufbaus der Ruhrbrücke zwischen Heven und Herbede geschlossen. Die Linie 12 fuhr jetzt wieder vom Bahnhof Annen Nord bis in das Zentrum der Nachbarstadt Herbede.

Bei der Neuanlage der Haltestelle Markt hatte man auch einen Ausbau der immer noch eingleisigen Trasse in der Ruhrstraße geplant. Deshalb hatte die Straßenbahn nach der Einstellung der Strecke in der Johannisstraße auch hier in einen neuen, doppelgleisigen Abzweig investiert. Es kam jedoch anders. Am 18. Oktober 1954 wurde die Straßenbahnstrecke zwischen dem Stadtzentrum und Bommern Denkmal eingestellt und in die Omnibuslinie 78 integriert.

Die Linie 10 erhielt eine neue Endstelle vor dem Wittener Hauptbahnhof. Anfangs lag diese noch unmittelbar vor dem Empfangsgebäude. Dort lag bereits zur Zeit der Märkischen Straßenbahn das Umsetzgleis. Wenig später wurde eine Wendeschleife für den projektierten Einsatz von Einrichtungswagen angelegt. Die Schleifenfahrt führte von der Bergerstraße über die Bellershof- und Lessingstraße. Auch in Annen wurde investiert: Die Trasse der Linie 12 in der Annenstraße wurde 1958 bis auf ein kurzes Reststück im Bereich der Unterführung der Bahnstrecke Bochum-Langendreer–Dortmund-Löttringhausen doppelgleisig ausgebaut.

Der Wittener Marktplatz im Sommer 1955: Im Vordergrund biegt der 1925 bei der Waggonfabrik Gastell in Mainz gebaute Triebwagen 80 auf dem Weg nach Herbede in die Bahnhofstraße ein. Im Hintergrund sind auf der Linie 10 ein in eigener Werkstatt gebauter Triebwagen des „Verbandstyps“ und der 1953 aus Solingen übernommene Beiwagen 416 zu erkennen.

Der seit Anfang 1938 von der Linie 17 bediente Streckenabschnitt zwischen Markt und Bahnhof in Lütgendortmund wurde zum Fahrplanwechsel im Mai 1955 zugunsten der Dortmunder Omnibuslinie T eingestellt. Das stimmungsvolle Foto entstand im Dezember 1954 im Zentrum von Lütgendortmund. Beim Abriss des im Hintergrund sichtbaren Hauses wurden 2022 zweckentfremdete Gleise der Märkischen Straßenbahn im Fundament der Gartenmauer gefunden.

Weitläufig und modern präsentiert sich der Wittener Marktplatz auf dieser am 1. September 1959 aufgenommenen Vorlage für eine Ansichtskarte. Das Motiv verkaufte sich außerordentlich gut: Viele Wittener waren stolz auf die moderne Innenstadt. Auf der Linie 10 ist Triebwagen 270 im Einsatz. Der Omnibus ist anstelle der eingestellten Straßenbahnlinie 27 auf der Linie 78 in Richtung Castrop-Rauxel unterwegs.

Farbfilme waren in den 1950er- und 1960er-Jahren noch etwas Besonderes. Entsprechend wertvoll sind die auf dieser Seite gezeigten Fotos. Die Aufnahme der Endstelle am Bahnhof Annen Nord entstand am 11. August 1957. Im folgenden Jahr wurde das Stumpfgleis zugunsten einer neuen Endstelle auf der Südseite der Annenstraße aufgegeben. Die mit einem Umsetzgleis für den Beiwagenbetrieb ausgestattete Anlage blieb bis zur Einstellung des Straßenbahnverkehrs in Annen in Betrieb.

Am 1. Oktober 1957 konnte ein Straßenbahnfreund aus Düsseldorf einen brandneuen Gelenktriebwagen am Wittener Hauptbahnhof fotografieren. Die Linie 10 gehörte zu den ersten Linien, auf denen die modernen Fahrzeuge eingesetzt wurden. Die Endstelle lag noch unmittelbar vor dem Bahnhofsgebäude.

◄ Eine Gefahrenstelle war seit der Inbetriebnahme der Streckenführung über die Annenstraße die Unterquerung der Rheinischen Eisenbahnstrecke. Der Engpass in Höhe der Haltestelle Schleiermacherstraße wurde erst 1968 durch eine breite Unterführung ersetzt. Ein Straßenbahnfreund aus den Niederlanden hielt die markante Stelle am 5. Oktober 1960 im Bild fest. Der 1953 in eigener Werkstatt auf dem Fahrwerk eines kriegsbeschädigten Fahrzeugs aufgebaute Triebwagen 127 wurde im November 1970 ausgemustert.

Zweirichtungswagen des Typs „Bochum"

Mit der Einführung sechsachsiger Zweirichtungswagen begann 1957 auch im Wittener Netz die Modernisierung des Wagenparks. Zunächst wurden die von der Düsseldorfer Waggonfabrik (Düwag) entwickelten Fahrzeuge auf der Linie 10 eingesetzt, ab 1961 kamen sie auch auf die Linie 12.

Die 20,1 Meter langen Gelenkwagen boten 44/46 Sitz- und 133 Stehplätze. In sechs Serien wurden insgesamt 91 Einheiten an die Bochum-Gelsenkirchener Straßenbahnen AG geliefert. Unterschiede gab es bei den Antrieben und der Innenausstattung. Bei den letzten sechs Triebwagen wurde auf die Schaffnersitze verzichtet.

Die Ausmusterung begann Mitte der 1980er-Jahre. Zwei Fahrzeuge sind heute noch als Museumswagen der Verkehrshistorischen Arbeitsgemeinschaft BOGESTRA e.V. in Bochum vorhanden. Einige Wagen konnten verkauft werden, so nach Lille, Gent, Gotha, Innsbruck und Arad. Triebwagen 275 ist betriebsfähig im Verein Bergische Museumsbahnen e.V. in Wuppertal vorhanden.

In den 1960er-Jahren kamen die Gelenkwagen im Berufsverkehr zwischen den Haltestellen Crengeldanz und Walzwerk Höntrop mit 1955 gelieferten, vierachsigen Beiwagen zum Einsatz. Diese wurden im August 1969 ausgemustert und im Betriebshof Witten hinterstellt. Fünf Beiwagen konnten 1970 und 1971 nach Mülheim verkauft werden, der Rest wurde verschrottet.

Das Titelbild der Betriebsanleitung für die Triebwagen wurde 1957 im Betriebshof Witten aufgenommen. Das Bild des Beiwagens entstand beim Hersteller Düwag.

Spektakulär waren die Einsätze des Typs „Bochum" mit vierachsigen Beiwagen im Berufsverkehr. Vermutlich 1962 wurden Triebwagen 15 und Beiwagen 513 auf der Bochumer Straße fotografiert.

Triebwagen 272 wurde 1963 versuchsweise mit einem Einholmstromabnehmer ausgestattet. Am 29. Dezember 1963 passierte er die Einfahrt zum Betriebshof

Werne–Langendreer ohne Straßenbahn

Seit der Übernahme der Westfälischen Straßenbahn GmbH durch die Bochum-Gelsenkirchener Straßenbahnen AG am 1. Februar 1938 fuhr im nördlichen Wittener Streckennetz die Linie 20. Sie verband den Bahnhof Langendreer über Werne, Laer und Bochum mit den Wattenscheider Stadtteil Eppendorf und der Endstelle in Bochum-Oberdahlhausen.

Zwischen Werne und Langendreer gehörte die Linie dank der zweigleisigen Trasse schon immer zu den gut ausgebauten Strecken. Bis Anfang der 1960er-Jahre wurde auch an anderer Stelle investiert, etwa in eine Neubaustrecke, die 1962 parallel zur Zechenanschlussbahn Robert Müser in Werne angelegt wurde, um die enge Durchfahrt der Rüsingstraße zu entschärfen.

Trotzdem wurde die Linie 20 am 30. Juni 1969 eingestellt. Der Bau der Autobahn A 43 erforderte eine neue Trassierung der bis dahin eingleisig am Straßenrand geführten Überlandstrecke zwischen Laer und Werne. Die Bochum-Gelsenkirchener Straßenbahnen AG befürchtete, dass sich ein Neubau auf dem neuen, als vierspurige Schnellstraße geplanten Werner Hellweg nicht amortisieren würde.

Als Ersatz für die Linie 20 wurde die Omnibuslinie 45, die zuvor die Strecke Bochum Rathaus–Opel Hauptverwaltung bedient hatte, bis zum Bahnhof Langendreer und darüber hinaus bis zum Denkmal weitergeführt. Die Straßenbahnstrecke zwischen dem Abzweig Engelsburg in Bochum und Oberdahlhausen übernahm die Straßenbahnlinie 16.

Auf der stark frequentierten Linie 20 wurden schon immer moderne Straßenbahnwagen eingesetzt. In den 1960er-Jahren prägten Zweirichtungs-Gelenkwagen das Bild. Auf dieser Aufnahme vom 17. November 1962 steht der im Jahr zuvor gelieferte Triebwagen 5 an der Endstelle am Bahnhof Langendreer.

Einmannwagen und Eiserne Schaffner

Ab dem 1. Juni 1960 kosteten bis zu zwei Teilstrecken 35 Pfennig, bis zu vier Teilstrecken 50 Pfennig, fünf Teilstrecken 65 Pfennig und sechs Teilstrecken 80 Pfennig. Kinder zahlten bis zu vier Teilstrecken 25 Pfennig, bis zu sechs Teilstrecken 35 Pfennig. Für den „kleinen Grenzverkehr" zu benachbarten Verkehrsbetrieben gab es Übergangsfahrscheine, die für eine Fortsetzung der Fahrt über jeweils eine Teilstrecke gültig waren. Im Wittener Netz kam ein solcher Tarif bei einem Übergang auf eine Linie der Dortmunder Stadtwerke AG zur Anwendung.

Die Fahrscheine entsprachen grundsätzlich dem Design der in den 1930er-Jahren eingeführten Tabellenfahrscheine. Linie, Tag, Uhrzeit und die Einstiegs-Zahlgrenze wurden mit Lochzangen markiert. Waren in den 1950er-Jahren die Fahrpreise aufgedruckt, so gab es auf den Tabellenfahrscheinen der 1960er-Jahre einen Teilstreckenaufdruck: 1T, 2T, 4T oder 5T.

1966 wurde das Teilstreckensystem grundlegend überarbeitet und dadurch transparenter. Bereits im Jahr zuvor hatte man den Tabellenfahrschein durch eine stark vereinfachte Variante abgelöst, auf der Zahlgrenze, Linie, Tag und Einstiegszeit mit „Gummistempeln" vermerkt wurden. Parallel dazu wurden schaffnerlose „Einmannwagen" eingeführt. Der Fahrer kontrollierte nun die Sichtkarten und verkaufte darüber hinaus auch Einzelfahrscheine. Die Umstellung erfolgte bei den einfachen Omnibussen bis 1967, bei den Straßenbahnlinien und den Gelenkomnibussen bis Ende 1970.

Eine weitere Rationalisierung brachte 1969 die Einführung elektrischer Entwerter, die schnell als „Eiserne Schaffner" bezeichnet wurden. Um die maschinelle Entwertung zu ermöglichen, wurden die Fahrscheine ab 1969 automatengerecht gestaltet. Sie erhielten jetzt ein Feld für den Stempelaufdruck. Aus diesem ließen sich Fahrtrichtung, Zahlgrenze, Linie, Tag, Monat und Uhrzeit ablesen. 1970 erhielten die Fahrer der Einmannwagen und die Standschaffner „Automatikstempel", deren Abdruck dem der Entwerter entsprach.

1969, im Jahr der Umstellung auf die neuen Fahrscheine, lag der Fahrpreis für bis zu zwei Teilstrecken bei 60 Pfennig, für bis zu vier Teilstrecken bei 90 Pfennig und ab fünf Teilstrecken bei 1,20 DM. 1971 stieg der Preis bereits auf 70 Pfennig, 1,10 Mark und 1,50 Mark. 1979, im letzten Jahr des Teilstreckentarifs, waren für eine Teilstrecke 1,10 DM, für zwei Teilstrecken 1,40 DM, für drei und vier Teilstrecken 2 DM und für fünf und mehr Teilstrecken 2,60 DM zu bezahlen.

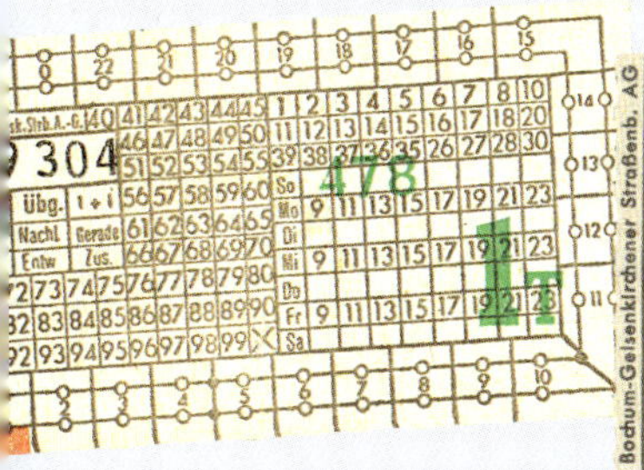

1964

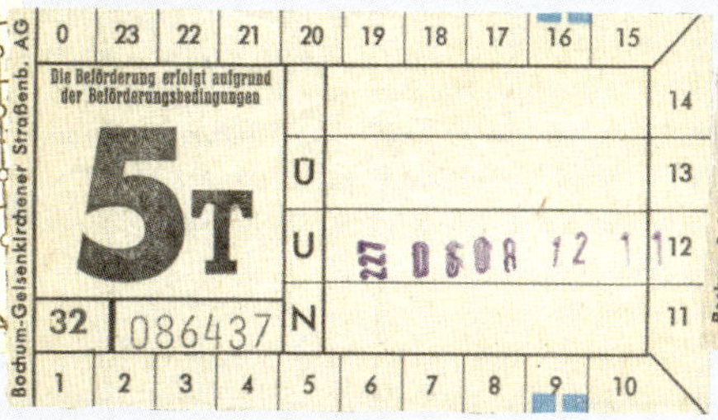

1965

1971

Am 19. August 1965 gehörte die Linie 12 noch zum Alltag in Herbede, sieben Jahre später war sie Geschichte. Triebwagen 272 ist soeben aus Annen angekommen.

Der Kreuzungsbereich der heutigen Wittener Straße und der Vormholzer Straße war am 19. März 1966 noch nicht zum Kreisverkehr ausgebaut. Bei der Einfahrt nach Herbede ist Vorsicht geboten.

Alte Strecken, neue Nummern

Am 27. Mai 1972 musste die Bochum-Gelsenkirchener Straßenbahnen AG die Linie 12 zwischen Heven und Herbede auf Wunsch der damals noch selbstständigen Stadt Herbede einstellen. Die Straßenbahn passte nicht zur geplanten Sanierung des Stadtzentrums. Die Endstelle wurde in den Dorfkern von Heven zurückgezogen. Um Platz für den Bau der neuen Universitätsstraße zu schaffen, rückte sie im Laufe des Jahres 1974 an den Ortsrand. Hier wendet die Straßenbahn bis heute.

Durch die Einstellung der Herbeder Linie, die Ausmusterung aller Triebwagen aus der Vorkriegszeit und durch die Aufgabe des Beiwagenbetriebs im April 1970 hatte sich der Betriebshof in Witten zunehmend geleert. Am 3. Juni 1973 wurde der Betriebshof geschlossen. Die 14 in Witten beheimateten Straßenbahnwagen für das Wittener Netz wurden in den Bochumer Betriebshof verlegt. Die Wagenhalle wurde vermietet.

Um einen wirtschaftlicheren Umlauf der Straßenbahnwagen zu ermöglichen, übernahm vom 1. September 1976 an die Linie 10 den Streckenast zwischen der Bahnhofstraße und Heven Dorf. Die Linie 12 wurde fortan von der Bahnhofstraße zum Hauptbahnhof geführt.

Das Bild der Innenstadt veränderte sich Ende der 1970er-Jahre durch zahlreiche Maßnahmen zur Verbesserung des Wohnumfeldes. Die Hauptstraße wurde mit jungen Bäumen begrünt, die Wohnstraßen am Bahnhof wurden verkehrsberuhigt. Fast ein Jahr beanspruchte 1979 der Umbau der Bahnhofstraße zu einer „echten“ Fußgängerzone. Zuvor hatte man bereits Teile der Straße für den Individualverkehr gesperrt. Die Straßenbahn nutzte die Gelegenheit zur Erneuerung der Gleise. Begegnungsverbote, die für die im Vergleich zu klassischen Straßenbahnwagen zehn Zentimeter breiteren, ab 1976 ausgelieferten M-Wagen bestanden, wurden entfernt.

BOGESTRA

In den 1970er-Jahren veränderte sich nicht nur das Stadtbild. Auch die Straßenbahn wurde moderner: Die letzten zweiachsigen Triebwagen wurden durch sechsachsige Standardwagen und den Stadtbahnwagen des Typs „M“ abgelöst.

Die M-Wagen waren die ersten Fahrzeuge, die auf den Stirnseiten und an den seitlichen Schürzen die Wortmarke BOGESTRA trugen. Auf Fahrplänen und Briefpapieren wurde sie bereits ab 1969 genutzt. Heute ist die Bezeichnung BOGESTRA dank eines starken Markenauftritts auf allen Kommunikationskanälen deutlich populärer als die klassische Firmenbezeichnung der Bochum-Gelsenkirchener Straßenbahnen AG.

Am 19. März 1966 erreicht Triebwagen 32 nach der Überquerung der Ruhrbrücke die gleichnamige Haltestelle in Heven. In wenigen Momenten wird er seine Fahrt auf eigenem Bahnkörper in Richtung Heven Dorf fortsetzen. Inzwischen hat sich die Verkehrsführung in diesem Bereich verändert. Die ehemalige Straßenbahntrasse ist nur mit geübtem Auge zu erkennen.

Am 27. Mai 1972 wurde die Linie 12 bis Heven Dorf zurückgezogen. Am 24. September 1970 war davon noch nichts zu spüren. Der Verkehr zwängte sich noch über die Dorfstraße. Heute befindet sich die Endstelle der Linien 309 und 310 etwa in Höhe des dritten Oberleitungsmasten. 1970 fuhr jeder zweite Wagen im 20-Minuten-Verkehr von Heven-Hellweg nach Herbede. Der am Marienhospital abgestempelte Fahrschein des Fotografen ist noch erhalten. Wenn die „12" pünktlich war, wurde das Bild demnach um 14.51 Uhr aufgenommen.

Am 29. Dezember 1963 ist Triebwagen 10 auf eigenem Bahnkörper zwischen Heven Dorf und der Ruhrbrücke unterwegs.

Die Linie 12 gehörte über gut drei Jahrzehnte zum Wittener Alltag: Von 1952 bis 1985 verband sie das Stadtzentrum mit dem östlichen Stadtteil Annen. Triebwagen 8 und 6 wurden 1961 in Dienst gestellt.

Am 1. September 1976 tauschten die Linien 10 und 12 ihre Endstellen. Während Triebwagen 9 am 6. August 1967 in der seit den 1950er-Jahren bestehenden Schleife auf die Abfahrt nach Wattenscheid-Höntrop wartet, genießen die Taxifahrer die Sonntagsruhe.

Am 3. September 1972 verlässt Triebwagen 10 Witten in Richtung Wattenscheid-Höntrop. Vor den Häusern im Hintergrund lag 1901 die Wittener Endstelle der Bochumer Straßenbahn.

Am 17. September 1977, einem Samstag, war es an der Endstelle der Linie 12 am Bahnhof Annen Nord recht ruhig. Ein zeitgenössisches Accessoire ist der Verkaufsautomat für Streifenkarten.

Im Oktober 1976 wurden erstmals M-Wagen auf der Linie 10 eingesetzt. Auf diesem am 9. April 1979 aufgenommenen Bild begegnen sich die Triebwagen 314 und 53 in der unteren Bahnhofstraße. Die 1969 ausgelieferten und seither in Gelsenkirchen stationierten Wagen 48 bis 53 wurden 1979 an den Betriebshof Bochum ausgeliehen. Dort war mit der U-Bahn-Eröffnung am 29. Mai ein Wagenmangel entstanden. Da auf der „10" hohe Beschleunigungswerte gefragt waren, wurden die mit zweimal 140 kW recht starken Triebwagen bevorzugt zwischen Höntrop und Witten eingesetzt.

Triebwagen 9 am 20. Juni 1978 an der Endstelle Heven Dorf. Heute steht ein massiver Prellbock am Gleisende. Damals war ein schlichtes Brett ein ausreichender Streckenabschluss.

Stadtbahnwagen Typ M

Nach den Linie 5 (Bahnhof Bochum-Nord–Ruhr Universität) und 2 (Gelsenkirchen Buer Rathaus–Bochum Laer) war die Linie 10 die dritte Strecke, auf der ab 1976 Stadtbahnwagen des Typs M eingesetzt wurden. Die Bezeichnung „Stadtbahnwagen" war hoch gegriffen. Tatsächlich waren die sechsachsigen Gelenktriebwagen konventionelle, hochflurige Straßenbahnen. Die Einstiegshöhe orientierte sich aber an den Bahnsteighöhen der geplanten Stadtbahnstrecken. Ebenso waren die Fahrzeuge von Anfang an für einen Betrieb in Stadtbahntunneln und anfangs auch für Fahrten in Mehrfachtraktion konzipiert.

Während auf die Option der Mehrfachtraktion später verzichtet wurde, kamen die M-Wagen ab 1979 auf der ersten Bochumer U-Bahn-Linie tatsächlich im Stadtbahntunnel zum Einsatz. Auf den Außenstrecken, so auch in Witten, wurden elektrisch ausfahrbare Trittstufen verwendet, um den Fahrgästen auch an den in den 1970er-Jahren üblichen Haltestellen auf Straßenniveau einen einigermaßen bequemen Einstieg zu ermöglichen.

Die ersten M-Wagen wurden im Januar 1974 bei der Düwag bestellt. Der erste Wagen traf am 26. Januar 1976 in Bochum ein. Bis April 1977 folgten in zwei Serien 32 Triebwagen. Die gesamte Serie wurde unter den Betriebsnummern 301 bis 333 in den Fahrzeugpark eingereiht. Die 20,4 Meter langen und 2,3 Meter breiten Fahrzeuge verfügten über 36 Sitz- und 130 Stehplätze.

Den ersten Fahrzeugen folgten in den Jahren 1981 und 1982 insgesamt 22 weitere M-Wagen unter den Betriebsnummern 334 bis 355. Anders als ihre mit konventionellen Gleichstrommotoren und Schützensteuerungen ausgerüsteten Vorgänger des Typs M 6 S erhielten die Nachfolger eine stufenlose Gleichstromsteller-Steuerung und dementsprechend die Bezeichnung M 6 C („C" für Chopper).

Aufgrund der anspruchsvollen besonderen Topografie gehörte die Linie 310 zu den letzten Einsatzgebieten der M-Wagen, die mit zweimal 150 kW sehr leistungsfähig waren. Die Umstellung auf das „Netz.2020" am 1. November 2020 führte zur Ablösung durch niederflurige Variobahnen.

Ende 2023 waren noch drei Wagen für Fahrschuleinsätze in Bochum vorhanden. Die Verkehrshistorische Arbeitsgemeinschaft VhAG BOGESTRA e.V. hält den 1977 ausgelieferten, konventionell angetriebenen Triebwagen 332 als Museumsfahrzeug für Sonderfahrten bereit. Alle übrigen Fahrzeuge wurden verkauft, unter anderem an den Straßenbahnbetrieb im türkischen Bursa, oder verschrottet.

Triebwagen 342 am 24. Juni 2007 an der Haltestelle Heven Hellweg.

In klassisch rot-weißer Stadtbahn-Lackierung, aber mit einer modernen Zielanzeige überquert Triebwagen 311 am 5. Mai 2018 die Wittener Stadtgrenze.

5 Verkehrsverbund Rhein-Ruhr

Die Einführung des Verkehrsverbundes Rhein-Ruhr (VRR) zum 1. Januar 1980 war im Ruhrgebiet eine einschneidende Zäsur. Nicht nur, dass alle Linien neue Nummern erhielten. Mit der Einführung eines neuen Wabentarifs wurde anstelle der bis dahin geltenden Streckentarife auch ein neues, dafür aber im gesamten Verbundgebiet einheitliches Tarifsystem geschaffen.

Bochum gehört seither zum Tarifgebiet 36, Witten zum Tarifgebiet 47. Unterhalb der Tarifgebiete gab es die für den Fahrpreis entscheidenden Waben mit einer dreistelligen Bezeichnung. Alle Bochumer Waben begannen mit 36, in Witten lagen die Waben 470 (Witten Mitte), 472 (Heven, Bommern, Annen, Stockum und Rüdinghausen) sowie 478 (Herbede).

Der Fahrpreis für eine Wabe betrug anfangs 1,50 DM für Erwachsene und 0,80 DM für Kinder. Innerhalb der Wabe war der Fahrschein über einen Zeitraum von 40 Minuten gültig. Der Umstieg zwischen Linien innerhalb einer Wabe war eingeschlossen, Rund- und Rückfahrten allerdings nicht. Die weiteren Preisstufen 2 bis 5 berechtigten zu längeren Fahrten. Die Preisstufe 2 reichte in der Regel für Fahrten in einem Tarifgebiet. Bei einem Fahrpreis von 2 DM, 3,20 DM, 4,60 DM und 6,40 DM waren die Fahrscheine 90, 120, 150 und 180 Minuten gültig. Besonders günstig war das 24-Stunden-Ticket. Für 5 DM waren beliebige Fahrten in zwei Tarifgebieten mit bis zu zwei Kindern unter 14 Jahren möglich. Parallel zum Wabentarif blieb auch das Teilstreckensystem erhalten: Für 1,20 DM wurde ein spezieller Fahrschein angeboten, der für kurze Fahrten innerhalb einer Teilstrecke gültig war.

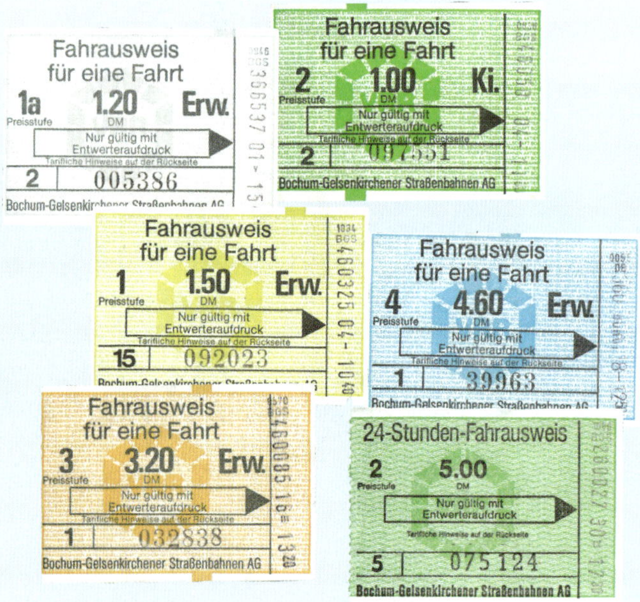

Aus 10 wird 310, aus 12 wird 320

Mit der Einführung des Verkehrsverbundes erhielten die meisten Linien der Bochum-Gelsenkirchener Straßenbahnen AG eine mit 300 beginnende Liniennummer. Wenn immer möglich, wurde dabei die alte Bezeichnung beibehalten. So wurde aus der Linie 10 die Linie 310. Bei der Linie 12 war das nicht möglich, weil es im Verkehrsgebiet der Straßenbahn Herne–Castrop-Rauxel bereits eine Omnibuslinie 12 gab. So erhielt die Wittener 12 die noch freie Nummer 320.

Die Straßenbahn hatte in Witten nicht nur Freunde. Vor allem die Linie 12 war der Kommunalpolitik ein Dorn im Auge. Einerseits mussten an einigen Stellen, insbesondere im Kreuzungsbereich der Ardey- und Annenstraße die Gleise ausgetauscht werden, andererseits wollte die Stadt neue Linksabbiegerspuren und Parkstreifen im Verlauf der Annenstraße anlegen.

Am 10. November 1982 wurde die Schleife am Wittener Hauptbahnhof letztmalig befahren. Anfangs verbrachten die auf der Linie 320 eingesetzten Straßenbahnwagen die Wendezeit noch seitlich vom Bahnhofsgebäude in der Bergerstraße. Später wurde die Schleife zugunsten eines Stumpfgleises in der Lessingstraße zurückgebaut.

Erste Gerüchte hinsichtlich einer geplanten Einstellung der Linie 320 gab es bereits im August 1984. Diese erreichten auch die Bürgerschaft, die fortan politisch und mit Plakaten um den Erhalt der Straßenbahn kämpfte. Ohne Erfolg: Am 21. November 1984 berichtete die „Westfälische Rundschau", die Einstellung der Straßenbahn per September 1985 sei beschlossene Sache.

Am 28. September 1985 wurde der Straßenbahnverkehr zwischen Witten Hauptbahnhof und dem Bahnhof Nord eingestellt und durch die neue Omnibuslinie 320 ersetzt. Damit wurden auch der Streckenast zum Hauptbahnhof und das zuletzt als Endstelle genutzte Stumpfgleis überflüssig. Um ein Aufleben der Bürgerproteste zu verhindern, wurden innerhalb kurzer Zeit die ersten Gleise in Annen entfernt.

Die Linie 310 blieb. Als die Wittener Fußgängerzone zwischen dem 19. Juli 1998 und dem 27. November 1999 erneut umgebaut wurde – zwischen dem Stadtzentrum und Heven pendelten in dieser Zeit Omnibusse –, wurde die Straßenbahn in vorbildlicher Weise integriert. Die Haltestelle Markt wurde bei dieser Gelegenheit von der Haupt- in die Bahnhofstraße verlegt.

Der Bau der Autobahn A 44 und die damit verbundene neue Führung der Wittener Straße brachte für die Linie 10 Anfang der 1970er-Jahre eine neue Trassenführung zwischen der Baroper Straße und der Haltestelle Papenholz. Die neue Strecke bot für fotografierende Straßenbahnfreunde neue und landschaftlich reizvolle Motive. Im Februar 1981 erreicht Triebwagen 298 die Haltestelle Papenholz.

Am 18. Juli 1985, wenige Wochen vor der Einstellung der Linie 320 entstand dieses Bild an der Haltestelle Bruchschule. Die beleuchteten Haltestellensäulen stammten noch aus den 1950er-Jahren. Die modernen Haltestellenschilder wurden als Vorleistung für den Verkehrsverbund Rhein-Ruhr aufgestellt. Triebwagen 5 gehörte in den letzten Tagen zur Stammbesetzung der Linie 320.

Die 1905/06 gebaute Brücke am Crengeldanz bietet dem Verkehr bis heute nicht mehr als 3,50 Meter Durchfahrtshöhe. Am 27. Februar 1983 schiebt sich Triebwagen 279 durch die Engstelle. Im Hintergrund sind die Backsteingebäude der ehemaligen Brauerei Dönhoff zu sehen. Anfang der 1980er-Jahre wurden sie von einem Reifenhandel genutzt.

Am 1. September 1976 hatten die Linien 10 und 12 ihre Endstellen getauscht. Seither war der Hauptbahnhof die Endstelle der Linie 12 und später der Linie 320 im Wittener Stadtzentrum. Im letzten Betriebsjahr lag die Endstelle am Rand der Lessingstraße.

Zum Bild des Straßenbahnverkehrs in den 1980er-Jahren gehörten Straßenbahnwagen mit Vollwerbung. Triebwagen 288, der am 18. Oktober 1984 am Marienhospital aufgenommen wurde, warb im bunten Farbkleid für Erfrischungsgetränke.

In den 1990er-Jahren war die Linie 310 fest in der Hand der M-Wagen. Dieses Bild entstand am 24. Juni 2007 in der Bochumer Straße. Triebwagen 348 trägt bereits die 1987 entwickelte „City-Express"-Lackierung. Diese erhielten zunächst nur die Stadtbahnwagen der Bochumer Linie U 35. Später folgten auch die neueren Gelenkwagen des Typs „Bochum" und fast alle M-Wagen.

◂ Seit August 1983 erhielten die ab 1967 gebauten Gelenktriebwagen des Typs „Bochum" nach und nach die rot-weiße Stadtbahn-Lackierung der M-Wagen. Bei den älteren Triebwagen gab es nur ein Fahrzeug in dieser Farbvariante: Am 18. Juni 1991 war der 1958 gebaute Triebwagen 290 auf der „310" im Einsatz.

Über die August-Bebel-Straße erreicht die aus Heven kommende „310“ die Industriebauten an der Herbeder Straße. Am 19. September 2019 ist hier Triebwagen 343 unterwegs.

Am 31. Oktober 2020 war der Einsatz der M-Wagen im Wittener Personenverkehr beendet. Dieses Motiv wurde im Jahr zuvor in Höhe der Haltestelle Berliner Straße in der Fußgängerzone aufgenommen.

Am 22. September 2019 kam es an der über die Herbeder Straße führenden Eisenbahnbrücke zu einer Begegnung zwischen dem M-Wagen 311 und der in Witten stationierten 335 114-5 der DB Schenker Rail Deutschland AG.

6

Netz 2020

Am 21. September 2012 erfolgte in Bochum-Langendreer der „erste Spatenstich" für eine umfassende Ertüchtigung der Linie 310. Kernstück des Projektes war die Verlegung der Trasse von der klassischen Streckenführung über die Baroper Straße, die im Süden an Langendreer vorbeiführte, in das Zentrum des Stadtteils. Dazu entstand im Verlauf der Unter- und Hauptstraße eine von Grund auf neu angelegte, moderne Straßenbahnstrecke.

Nach fünf Jahren Bauzeit war der erste Abschnitt fertiggestellt. Vom 5. Oktober 2017 an wurde die Linie 302 von ihrer Endstelle in Laer über die Wittener Straße, die Unterstraße und ein Gleisdreieck am Markt in Langendreer zu einer neuen Endstelle am S-Bahnhof Langendreer geführt. Weitere drei Jahre vergingen, bis am 1. November 2020 der zweite Abschnitt der Neubaustrecke zwischen dem Markt in Langendreer und der neu angelegten Haltestelle Papenholz eröffnet werden konnte.

Bereits ein Jahr zuvor, zum Fahrplanwechsel am 15. Dezember 2019, hatte die BOGESTRA unter dem Titel „Netz 2020" eine weitreichende Neuordnung der Straßenbahn- und Omnibuslinien vorgenommen. Zugleich wurden die Fahrpläne auf den Takt der S-Bahn Rhein-Ruhr abgestimmt. Teil des Netzes waren bereits die neue Linienführung der „310" in Langendreer und die nur werktags zwischen Langendreer Bahnhof und Heven Dorf verkehrende Linie 309.

Nur für kurze Zeit gab es in Witten einen Betrieb der Linien 309 und 310 mit M-Wagen. Am 16. Dezember 2019, dem ersten Einsatztag der Linie 309, trafen sich Triebwagen 313 und 311 an der Ausweichstelle Heven Hellweg.

Bis Ende September 2020 waren die M-Wagen in Witten noch im Planbetrieb. Das Motiv des Triebwagens 325 mit dem für die Linien 309 und 310 geänderten Haltestellenschild entstand am 2. Juli 2020 an der Haltestelle Marienhospital.

Da die Gleisarbeiten in der Hauptstraße nicht abgeschlossen waren, wurde bis zum 1. November 2020 zwischen Langendreer Bahnhof und der Haltestelle Crengeldanz ein Schienenersatzverkehr für die Linien 309 und 310 eingerichtet. Zwischen den Haltestellen Papenholz und Heven Dorf fuhren weiterhin die M-Wagen. Sie nutzten zur Ein- und Ausfahrt die am 14. Dezember 2019 für den Personenverkehr aufgelassene Trasse der „310“ über die Kaltehardt als Betriebsstrecke.

Am 28. September 2020 wurde der Inselbetrieb in Witten beendet, um die Neubaustrecke an der Haltestelle Papenholz mit der bisherigen Trasse in der Bochumer Straße zu verbinden. Am 23. Oktober 2020 waren auch diese Arbeiten abgeschlossen, sodass nunmehr erste Probefahrten auf den neuen Gleisen möglich waren.

Mit der Eröffnung der neuen Straßenbahnstrecken in Langendreer wurde eine Vision umgesetzt, für die sich Bochumer Bürger bereits seit Mitte der 1980er-Jahre engagiert hatten. 69 Jahre nachdem die letzte Straßenbahn gefahren war, kehrte das schienengebundene Verkehrsmittel in moderner Form in das Zentrum von Langendreer zurück. Die Strecken im Wittener Stadtgebiet hatten Stadt und BOGESTRA seit 2014 niederflurgerecht umgebaut und optimiert.

Variobahn

Ab 2008 lieferte der Schweizer Schienenfahrzeughersteller Stadler über sein Tochterunternehmen Stadler Deutschland GmbH in Berlin-Pankow insgesamt 107 vollständig niederflurige Straßenbahnwagen an die BOGESTRA. Bei einer Länge von rund 30 Metern bieten die fünfteiligen Variobahnen Platz für 165 Personen.

Trotz der Länge von rund 29,6 Metern ermöglicht die Konstruktion der fünfteiligen Fahrzeuge die Achsfolge Bo-2-Bo: Der Antrieb über jeweils vier Drehstrom-Radnabenmotoren ist in den Fahrwerken der Kopfteile verbaut. Im Mittelsegment befindet sich das mittlere, antriebslose Fahrgestell. Es trägt zudem den Einholmstromabnehmer. Der Radsatzabstand liegt bei jeweils 1,8 Metern, die Raddurchmesser bei 650 Millimetern. Zwischen den Kopfsegmenten und dem Mittelsegment wurden die ergänzenden Fahrgasträume des fünfteiligen Wagens eingefügt. Das Leergewicht beträgt 38,8 Tonnen.

Die acht Motoren der unter 750 Volt Gleichstrom betriebenen Triebwagen stellen eine Leistung von jeweils 45 kW bereit, in Summe somit 360 kW. Gesteuert werden die Motoren über Pulsumrichter. Die zugelassene Höchstgeschwindigkeit beträgt 70 km/h.

Die ersten 30 Triebwagen wurden zwischen März 2008 und Dezember 2011 unter den Nummern 501 bis 5030 ausgeliefert. 15 weitere Triebwagen folgten unter den Nummern 531 bis 545 zwischen März 2013 und September 2015. Die dritte Serie mit 42 Triebwagen wurde zwischen September 2016 und Mai 2020 geliefert. Diese, unter den Nummern 101 bis 142 geführten Fahrzeuge unterscheiden sich von ihren Vorgängern durch rote und blaue Farbakzente an den Dachblenden und an der Kupplungsverkleidung. Im Juni 2019 wurden acht weitere Variobahnen bei Stadler bestellt. Sie wurden 2021 ausgeliefert und ergänzen seither unter den Nummern 143 bis 150 die Flotte.

Die erste Variobahn traf am 5. März 2008 in Gelsenkirchen ein. Am 8. März wurde der Triebwagen der interessierten Öffentlichkeit vorgestellt. Der Linieneinsatz begann am 19. September 2008 auf der Gelsenkirchener Linie 301. Im Februar 2011 erfolgten die ersten Fahrten in Doppeltraktion bei einem Heimspiel des FC Schalke 04.

In Witten begann der Planeinsatz der Variobahnen mit der Umstellung des Liniennetzes am 1. November 2020.

Triebwagen 502 (oben) war die zweite an die BOGESTRA ausgelieferte Variobahn. Gemeinsam mit Triebwagen 503 absolvierte er im September und November 2008 bei der Straßenbahn Schöneiche verschiedene Testfahrten, um den Einsatz in Doppeltraktion unter realen Betriebsbedingungen zu erproben. Triebwagen 102 (unten) ist das zweite Fahrzeug der dritten Lieferserie. Er gehört zu den Wagen, die einen Taufnamen tragen, in diesem Fall für den Gelsenkirchener Stadtteil Ückendorf. Die Aufnahmen entstanden am 28. September 2023 an der Endstelle Heven Dorf.

BOGESTRA
502 B

Ein klassischer Fotostandpunkt ist seit der Eröffnung der Strecke von Witten nach Herbede die Kreuzungsstelle Heven Hellweg. Während Triebwagen 114 auf diesem Bild vom 28. September 2023 gerade nach Langendreer aufgebrochen ist, wird der bald eintreffende Gegenkurs von hier aus noch einige hundert Meter bergab bis zur Endstelle Heven Dorf fahren.

In Witten liegen industriell geprägte Stadtteile und grüne Wohngebiete dicht beieinander. Kurz vor der Haltestelle Hardel passiert Triebwagen 102 in voller Frühlingsblüte stehende Obstbäume. Er ist am 27. April 2021 als „309" auf der Fahrt von Heven nach Langendreer.

◂ Die Herbeder Straße gehörte 2023 zu den wenigen Streckenabschnitten, in denen die Gleise noch traditionell eingepflastert sind . Auf der Linie 309 sehen wir Triebwagen 108. Mit ihm wurde am 9. Januar 2023 in Bochum die Neubaustrecke zum Technologiezentrum MARK 51°7 eröffnet.

Die Bahnhofstraße ist bis heute die Hauptgeschäftsstraße in Witten. Mit Schrittgeschwindigkeit nähert sich Triebwagen 131 der Haltestelle Witten Rathaus. Die Wittener Fußgängerzone ist ein gutes Beispiel dafür, dass sich verkehrsberuhigte Zonen und öffentlicher Personennahverkehr nicht ausschließen.

Auf dem ehemaligen Kornmarkt wurde Anfang der 1950er-Jahre der Wittener Busbahnhof gebaut. Heute halten alle Omnibuslinien an der Hauptstraße, der Kornmarkt wird als Parkfläche genutzt. Triebwagen 119 wartet vor der nach dem Zweiten Weltkrieg wieder aufgebauten Johanniskirche darauf, in die Bahnhofstraße abzubiegen.

◄ An der Haltestelle Marienhospital kommt es infolge der eingleisigen Streckenabschnitte im Wittener Netz regelmäßig zur Kreuzung der Straßenbahnzüge, hier zwischen Triebwagen 537 auf der Linie 310 und Triebwagen 114 auf der Linie 309. Letzterer ist bereits auf der lang gezogenen Hauptstraße in Richtung Markt unterwegs. Bis 1985 zweigte an dieser Stelle die Linie 320 nach Witten Annen ab.

Mit 10 km/h nähert sich Triebwagen 537 auf der Bochumer Straße der Bahnstrecke von Witten West nach Langendreer. Die enge Straßenunterführung soll durch eine alternative Trasse ersetzt werden. Das am 16. Oktober 2023 aufgenommene Motiv wird es dann nicht mehr geben.

Die neue Straßenbahnendstelle am S-Bahnhof Langendreer wurde zunächst nur von der Linie 302 genutzt. Seit dem 1. November 2020 beginnt hier die Linie 309 ihre Fahrt nach Heven.

◄ Zwischen den Haltestellen Papenholz und Crengeldanz hat die Strecke von Langendreer nach Witten bis heute den Charakter einer Überlandstraßenbahn. Über den Weg im Hintergrund verlief bis 2020 die Trasse der Linie 310 mit der anschließenden Steigungsstrecke zur ehemaligen Haltestelle Wasserturm (später Am Honnegraben). Am 27. April 2021 ist Triebwagen 102 auf dem Weg nach Heven.

Epilog

125 Jahre Straßenbahn in Witten: Als die Märkische Straßenbahn 1899 die ersten Straßenbahnstrecken eröffnete, war nicht absehbar, ob und für welchen Zeitraum sich das damals moderne Verkehrsmittel bewähren würde.

Im Laufe der Geschichte gab es zahlreiche Momente, zu denen die Weiterführung des schienengebundenen Nahverkehrs in Witten auf dem Prüfstand stand und der Fortbestand an einem dünnen Faden hing.

Der Konkurs der Pächterin A.-G. Elektricitätswerke war ein erster Rückschlag. Spätestens bei der Übernahme der Betriebsführung von der Westfälischen Straßenbahn GmbH durch die Bochum-Gelsenkirchener Straßenbahnen AG stellte sich erneut die Frage nach der Wirtschaftlichkeit des Betriebs. Ein weiterer Rückschlag war die Einstellung der Linienäste nach Langendreer und Castrop-Rauxel im Verlauf des Jahres 1951. Anfang der 1980er-Jahre drohte die vollständige Einstellung des Schienenverkehrs, nachdem sich 1972 die damals noch selbstständige Stadt Herbede von der Straßenbahn verabschiedet hatte.

Während die Straßenbahnstrecke zwischen dem Wittener Marienhospital und Annen stillgelegt wurde, hielt man an der meterspurigen Verbindung nach Bochum fest. Ausschlaggebend dafür war, dass die Umsetzung des im Stadtbahn-Betriebskonzept Rhein-Ruhr vorgesehenen Plans, die normalspurige U 35 über die Endstelle Hustadt hinaus nach Heven und Witten weiterzuführen, aus finanziellen und ökologischen Gründen in immer weitere Ferne rückte.

Mit dem Ausbau der Straßenbahn in Langendreer und der Ertüchtigung der Wittener Stadtstrecken haben die Städte Bochum und Witten sowie die BOGESTRA eine grundlegende Wende herbeigeführt. Heute präsentiert sich der Wittener Straßenbahnbetrieb als modernes Nahverkehrsangebot. Der letzte Rest des einstigen Überlandbetriebes, der Streckenabschnitt zwischen den Haltestellen Papenholz und Crengeldanz, wird mit dem Bau einer neuen Eisenbahnbrücke einer modernen Trasse weichen. Auch die Ertüchtigung der klassisch gepflasterten Herbeder Straße ist vermutlich nur eine Frage der Zeit.

Seit 2021 wird in Witten über eine Verlängerung der Linien 309 und 310 um rund einen Kilometer von der bisherigen Endstelle in Heven zum Kemnader See diskutiert. Die Ergebnisse einer von der Stadt Witten mit Mitteln des Landes Nordrhein-Westfalen beauftragten Machbarkeitsstudie lagen zum Redaktionsschluss des Buches noch nicht vor.

Die Bürgerinnen und Bürger in Witten würden den Ausbau des Straßenbahnnetzes zum Freizeitbad Heveney vermutlich begrüßen. Mit der Modernisierung der Trassen in Witten, modernen Niederflurfahrzeugen, dem Netzausbau in Langendreer und einem attraktiven Taktverkehr hat die Straßenbahn die Sympathie vieler Bürgerinnen und Bürger zurückgewonnen. Beste Voraussetzungen also für die Zukunft des öffentlichen Nahverkehrs zwischen Kornmarkt, Crengeldanz und Langendreer.

Chronik

Die Chronik umfasst ausgewählte Stichtage und Ereignisse zur Geschichte der Straßenbahn im Raum Witten. Die Linienchronik versucht, die Linienwege bestmöglich wiederzugeben. Einige Daten konnten anhand der zugänglichen Quellen nur in Monaten oder als Zeitraum aufgezeigt werden.

Märkische Straßenbahn

28./30. August 1897	Unterzeichnung eines Vertrages zwischen den Gemeinden Witten, Langendreer und Annen zum Bau einer elektrischen Straßenbahn.
10. September 1897	Unterzeichnung des Vertrages durch die Gemeinde Bommern.
13. Dezember 1898	Unterzeichnung eines Vertragswerkes zum Bau einer Straßenbahn durch die Gemeinden Witten, Langendreer, Werne, Annen und Bommern als Ersatz für die Vereinbarungen aus dem Jahr 1897, damit verbunden: Beitritt der Gemeinde Werne.
Dezember 1898	Beauftragung der Actien-Gesellschaft Elektricitätswerke (vorm. O. L. Kummer & Co), Dresden-Niedersedlitz, mit dem Bau und der Betriebsführung über 15 Jahre gegen Ableistung einer jährlichen Pacht.
24. November 1899	Beitritt der Gemeinde Laer.
8. Februar 1901	Beitritt der Gemeinde Lütgendortmund.
15. Juni 1901	Konkurs der Aktien-Gesellschaft Elektricitätswerke (vorm. Kummer & Co.) – Weiterführung des Straßenbahnbetriebs durch eine Verwaltungskommission.
1. März 1909	Änderung der Linienwege mit dem Fahrplanwechsel – die Wagen der Märkischen Straßenbahn fahren weiterhin ohne Liniennummern.
	Verkaufsverhandlungen mit dem Landkreis Dortmund und der Bochum-Gelsenkirchener Straßenbahnen AG
24. Mai 1912	Anschluss an die neu gegründete Westfälische Straßenbahn GmbH.
Linie 1	
4./5. Januar 1899	Bommern Bahnhof–Langendreer Denkmal
11. Januar 1899	Bommern Bahnhof–Witten–Langendreer Bahnhof (Südseite)
9. Mai 1899	Bommern Denkmal–Witten–Langendreer Bahnhof (Südseite)
1. März 1909	Bahnhof Witten West–Markt–Annen Süd–Rüdinghauser Straße
Linie 2	
4./5. Januar 1899	Bahnhofstraße–Markt
4. März 1899	Bahnhofstraße–Markt–Annen Süd
26. Oktober 1902	Bahnhof Witten West–Bahnhofstraße–Markt–Annen Süd–Rüdinghauser Straße
1. März 1909	Bommern Denkmal–Witten–Langendreer Bahnhof (Südseite)
Linie 3	
11. Januar 1899	Langendreer Kriegerdenkmal–Langendreer Süd–Brauerei Uemmingen
1. März 1909	Langendreer Bahnhof (Nordseite)–Langendreer Kaisersteg
Linie 4	
12. August 1900	Bahnhof Langendreer Süd (Kaisersteg)–Werne–Lütgendortmund Markt
25. August 1901	Uemminger Brauerei–Langendreer Süd–Werne–Kranefeld–Castrop Bürgermeisteramt
21. Dezember 1901	Laer–Uemminger Brauerei–Langendreer Süd (Kaisersteg)–Werne–Kranefeld–Castrop Bürgermeisteramt

1. März 1909	Langendreer Bahnhof (Nordseite)–Lütgendortmund Bahnhof
Linie 5	
6. September 1900	Langendreer Nord (Rheinischer Bahnhof)–Wilhelmshöhe–Kranefeld
25. August 1901	Langendreer Nord (Rheinischer Bahnhof)–Wilhelmshöhe–Lütgendortmund Markt
11. Dezember 1902	Langendreer Nord (Rheinischer Bahnhof)–Lütgendortmund–Gemeindegrenze Oespel-Kley/Brunholt
5. Februar 1903	Langendreer Nord (Rheinischer Bahnhof)–Lütgendortmund–Gemeindegrenze Oespel-Kley/Brunholt–Lütgendortmund Bahnhof
1. März 1909	Laer–Uemminger Brauerei–Langendreer Süd (Kaisersteg)–Werne–Kranefeld–Castrop Bürgermeisteramt

Westfälische Straßenbahn

23. Mai 1912	Gründung der Westfälischen Straßenbahn GmbH.
1913–1916	Erneuerung zahlreicher Strecken, insbesondere Austausch der Gleis- und Oberleitungsanlagen der Märkischen Straßenbahn.
29. November 1913	Herstellung einer Verbindung zwischen den Gleisen der ehemaligen Märkischen Straßenbahn und der Bochum-Castroper Straßenbahn am Lütgendortmunder Markt.
28. Januar 1914	Inbetriebnahme einer neuen Endstelle an der Emschertalbahn in Castrop.
3. August 1914	Einstellung der Strecke zwischen Laer und Langendreer Süd (Kaisersteg).
1. März 1915	Einstellung der Strecke zwischen Langendreer Süd (Kaisersteg) und Werne.
15. Dezember 1915	Eröffnung einer Neubaustrecke über die südliche Ardey- und Annenstraße.
9. Februar 1917	Aufnahme des Straßenbahn-Güterverkehrs in Witten.
23. Mai 1917	Eröffnung einer eingleisigen Neubaustrecke über die Crengeldanz- und Hauptstraße, Einstellung der Strecke in der Augustastraße.
19. Dezember 1918	Eröffnung einer Güter- und Betriebsstrecke über die nördliche Ardeystraße.
Herbst 1921	Ausbau der Provinzialstraße in Bommern, Stilllegung in der Ruhrmannstraße.
11. Oktober 1922	Aufsichtsratsbeschluss zur Einstellung der Wittener Linien am 15. Oktober.
10. Dezember 1922	Wiederaufnahme des Linienverkehrs auf der Linie E an Sonn- und Feiertagen.
15./16. Januar 1923	Frankreich und Belgien setzen die im Versailler Vertrag vereinbarten Reparationsleistungen mit der Besetzung des Ruhrgebiets durch.
29. März 1923	Wiederaufnahme eines regulären Linienverkehrs auf den Linien E – Einschränkungen durch nicht mehr zahlbare Löhne und die Ruhrbesetzung.
24. August 1923	Ausgabe von Gutscheinen über 5 Mio. RM an die Mitarbeitenden.
	Beginnende Normalisierung des Betriebs und Gemeinschaftsverkehre.
1926–1928	Um- und Ausbau des Betriebshofes Witten, zweigleisiger Ausbau der Hauptachsen in Witten: Crengeldanz-, Haupt- und Bahnhofstraße.
Ende 1930	Drohende Insolvenz: 219.700 RM Verlust, 2,755 Mio. RM Schulden.
23. März 1931	Gründung einer Betriebsgemeinschaft zwischen der Bochum-Gelsenkirchener Straßenbahnen AG und der Westfälischen Straßenbahn.
12. August 1931	Übernahme der Betriebsführung durch die Bochum-Gelsenkirchener Straßenbahnen AG, Einsetzung eines Rechtsanwalts als Konkursverwalter.
12. November 1931	Auflösung der Anstellungsverträge des Vorstands durch den Konkursverwalter unter Berufung auf die preußische Notverordnung vom 12. September 1931 – das Arbeitsgericht spricht den Entlassenen im April 1932 eine Entschädigung zu, da die Notverordnung nur eine Gehaltsanpassung gerechtfertigt hätte.
16. Januar 1932	Gläubigerversammlung – Bestätigung des Konkursverwalters.
4. Juli 1934	Freigabe der neuen Ruhrbrücke zwischen Heven und Herbede.
11. Juni 1936	Freigabe der neuen Ruhrbrücke zwischen Witten und Bommern.
8. Dezember 1937	Abschluss des Konkursverfahrens mit einem Zwangsvergleich. Übernahme der Westfälischen Straßenbahn durch die Bochum-Gelsenkirchener Straßenbahnen AG zum 1. Januar 1938.

Die von der Westfälischen Straßenbahn eingeführte Bezeichnung der Linien mit Buchstaben lässt sich keinem Stichtag zuordnen. Alle Wagen mussten für die Aufnahmen des neuen Liniensignals umgebaut werden, sodass die Einführung einige Zeit in Anspruch nahm.

Linie E	
Mai 1912	Bommern Denkmal–Langendreer–Castrop Bürgermeisteramt (anfangs mit Unterbrechung am Bahnhof Langendreer, nach Fertigstellung der Straßenunterführung als durchgehende Verbindung)
28. Januar 1914	Bommern Denkmal–Castrop Emschertalbahn
15. Oktober 1922	Vorübergehende Einstellung.
30. Oktober 1922	Castrop–Crengeldanz–Annen (Güterverkehr mit Personenbeförderung)
10. Dezember 1922	Witten Markt–Castrop (nur sonn- und feiertags, stündlich)
29. März 1923	Witten Markt–Castrop (werktags, stündlich)
1. November 1923	Erneute Einstellung.
16. Februar 1924	Witten Markt–Castrop (ganztags)/Lütgendortmund Bahnhof (nachmittags)
März 1924	Bommern Denkmal–Castrop (ganztags)/Lütgendortmund Bahnhof (nachmittags)
7. Juni 1924	Witten Wetterstraße–Castrop
1. April 1926	Witten Wetterstraße–Castrop-Rauxel
11. August 1929	Bommern Denkmal–Castrop-Rauxel
1. Februar 1938	Umbenennung in Linie 27.
Linie F	
Mai 1912	Langendreer Bahnhof–Wilhelmshöhe–Lütgendortmund Bahnhof
15. Oktober 1922	Vorübergehende Einstellung.
16. Februar 1924	Werne–Lütgendortmund Bahnhof(–Langendreer Bahnhof (vormittags))
7. Juni 1924	Depot Lütgendortmund–Lütgendortmund Bahnhof
26. Juli 1924	Kaisersteg–Langendreer Bahnhof–Werne–Lütgendortmund Bahnhof
28. Februar 1927	Einstellung: siehe Linie H.
Linie G	
Mai 1912	Laer–Uemmingen–Kaisersteg–Werne–Kranefeld
3. August 1914	Kaisersteg–Werne–Kranefeld
1. März 1915	Einstellung: siehe Linie H.
Linie H	
Mai 1912	Langendreer Denkmal–Kaisersteg
28. November 1913	Langendreer Denkmal–Kaisersteg–Werne–Langendreer Bahnhof
3. August 1914	Kaisersteg–Langendreer Bahnhof–Werne
1. März 1915	Kaisersteg–Langendreer Bahnhof–Werne–Lütgendortmund Bahnhof
1. Mai 1918	Kaisersteg–Langendreer Bahnhof (Werne–Lütgendortmund Bahnhof bis 1924 eingestellt: siehe Linie F)
26. Juli 1924	Kaisersteg–Langendreer Denkmal (als Verstärkung der Linie F)
1. März 1927	Kaisersteg–Langendreer Bahnhof–Werne–Lütgendortmund Bahnhof
1. Oktober 1927	Kaisersteg–Langendreer Bahnhof–Werne–Poststraße/Schillerstraße–Werner Hellweg–Lütgendortmund Bahnhof
22. September 1928	Langendreer Bahnhof–Lütgendortmund Bahnhof
22. September 1931	Kaisersteg–Langendreer Bahnhof–Werne–Poststraße–Werner Hellweg–Lütgendortmund Bahnhof
6. August 1932	Kaisersteg–Langendreer Bahnhof (Reststrecke vorübergehend eingestellt)
3. Oktober 1937	Kaisersteg–Langendreer Bahnhof–Werne–Lütgendortmund Bahnhof
31. Dezember 1937	Einstellung: siehe Linie B/17, Linie 20 sowie Linie L/22

Linie J	**(Verstärkerlinie)**
Mai 1912	Witten Bommern–Bahnhof Langendreer Nord
Linie K	
Mai 1912	Bahnhof Witten West–Bahnhof Annen Süd
15. Oktober 1922	Vorübergehende Einstellung.
24. Januar 1924	Bahnhof Witten West–Bahnhof Annen Nord
1. Oktober 1930	Witten Markt–Bahnhof Annen Nord (nur nachmittags)
1. Februar 1938	Umbenennung in Linie 29.
Linie O	
1. Oktober 1929	Witten Markt–Heven Ruhrbrücke
4. Juli 1934	Witten Markt–Heven–Herbede Verbandsstraße
1. Februar 1938	Umbenennung in Linie 23.
Linie P	**(Verstärkerlinie)**
20. Februar 1928	Witten Markt–Langendreer Bahnhof (Liniensignal P nicht bestätigt, eventuell auch unter Liniensignal E)
1. Juli 1929	Vorübergehende Einstellung.
1. Mai 1930	Witten Markt–Langendreer Bahnhof (nur sonntags)
2. Oktober 1937	Einstellung.

Bochum-Gelsenkirchener Straßenbahnen AG

23. November 1894	Eröffnung der ersten Straßenbahnstrecke in Bochum durch Siemens & Halske, in den folgenden Jahren Aufbau eines weitläufigen Streckennetzes im mittleren Ruhrgebiet.
13. Januar 1896	Gründung der Bochum-Gelsenkirchener Straßenbahnen AG in Berlin.
1906–1908	Einstieg des RWE als Großaktionär und Übernahme der Betriebsführung.
12. August 1931	Übernahme der Betriebsführung der Westfälischen Straßenbahn (s.o.).
1. Januar 1938	Umbau des Liniennetzes durch Integration der Westfälischen Straßenbahn bis zum 31. Januar 1938. Einige Maßnahmen werden sofort getroffen.
21. Januar 1940	Umwidmung des Bahnhofs Witten West zum Hauptbahnhof.
1. Februar 1940	Allgemeines Rauchverbot in Straßenbahnen und Omnibussen.
1. Juni 1940	Einführung von Liniennummern an den Anhängewagen der Straßenbahn.
1943–1945	Kriegsbedingt immer wieder vorübergehende Einstellung des Linienverkehrs.
4. November 1944	Großangriff auf Bochum, Einstellung des Straßenbahnbetriebs in Bochum.
12. Dezember 1944	Großangriff auf die Wittener Innenstadt, schwere Schäden im Streckennetz.
19. März 1945	Erneuter Großangriff auf Witten, Einstellung des Straßenbahnbetriebs.
ab 25. Mai 1945	Abschnittsweise Wiederinbetriebnahme der Straßenbahnstrecken.
13. Januar 1947	Einsturz der Ruhrbrücke zwischen Heven und Herbede.
7. November 1952	Wiedereröffnung der Ruhrbrücke zwischen Heven und Herbede.
15. Dezember 1955	Eröffnung eines neuen Omnibusbetriebshofes in Witten.
3. Juni 1973	Stilllegung des Straßenbahnbetriebshofes Witten.
1. Januar 1980	Start des Verkehrsverbundes Rhein-Ruhr.
10. November 1982	Aufgabe der Wendeschleife am Hauptbahnhof.
15. Dezember 2019	Neuordnung des Liniennetzes in Witten und im Bochumer Osten.
1. November 2020	Erster Planeinsatz von niederflurigen Straßenbahnwagen in Witten.

Bei der Bochum-Gelsenkirchener Straßenbahnen AG wurden im Laufe des Jahres 1908 Ziffern als Liniensignale eingeführt. In der Presse wurde Ende Dezember 1908 über den Abschluss der Umstellung berichtet. Die Linienchronik nach Ziffern beginnt deshalb mit dem 1. Januar 1909.

3. August 1898	Bochum-Rathaus–Laer (ohne Linienbezeichnung)
22. Februar 1901	Bochum Rathaus–Laer–Werne–Berg (ohne Linienbezeichnung)
21. Dezember 1901	Bochum Rathaus–Laer–Springborn (ohne Linienbezeichnung)
1. Juli 1906	Bochum Rathaus–Laer–Crengeldanz (ohne Linienbezeichnung)
Linie 4	
1. Januar 1909	Bochum Rathaus–Laer–Werne–Berg
25. Juli 1913	Bochum Rathaus–Laer–Witten Crengeldanz (Laer–Werne–Berg: Siehe Linie 5)
26. September 1922	Bochum Rathaus–Laer (vorübergehende Einstellung, kurzzeitig in Betrieb im Mai und Juni 1923)
7. Juni 1924	Walzwerk Höntrop–Bochum–Laer–Witten–Bommern Denkmal (Gemeinschaftsverkehr)
11. August 1929	Oberdahlhausen–Eppendorf–Bochum–Laer–Kaltehardt–Witten–Wetterstraße
1. Mai 1930	Oberdahlhausen–Eppendorf–Bochum–Laer–Kaltehardt–Witten Markt (werktags)–Wetterstraße (mittwochs und samstags nachmittags)–Bommern Denkmal (sonntags)
22. September 1931	Oberdahlhausen–Eppendorf–Bochum–Laer–Kaltehardt–Bommern Denkmal
1. August 1936	Oberdahlhausen–Eppendorf–Bochum–Laer–Kaltehardt–Bahnhof Witten West
22. Mai 1937	Höntrop Kirche–Bochum–Laer–Kaltehardt–Bahnhof Witten West (Oberdahlhausen–Abzweig Engelsburg: siehe Linie 14)
1. Februar 1938	Umbenennung in Linie 10.
Linie 5	
1. Januar 1909	Bochum Rathaus–Laer–Werne–Berg
25. Juli 1913	Eppendorf–Bochum Rathaus–Laer–Werne–Berg
4. August 1913	Oberdahlhausen–Bochum Rathaus–Laer–Werne–Berg
1. Oktober 1927	Einstellung (Gemeinschaftsverkehr: siehe Linie 4 und 10)
Linie 10	
13. Dezember 1922	Walzwerk Höntrop–Bochum–Laer–Bahnhof Bochum Süd
16. September 1924	Günnigfeld–Wattenscheid–Höntrop–Bochum–Bahnhof Bochum Süd (Gemeinschaftsverkehr)
1. Oktober 1927	Günnigfeld–Wattenscheid–Höntrop–Bochum–Laer–Werne–Langendreer Bahnhof (Gemeinschaftsverkehr)
20. Februar 1928	Höntrop–Bochum–Laer–Werne–Langendreer Bahnhof
22. September 1928	Höntrop–Bochum–Laer–Werne–Langendreer Bahnhof–Kaisersteg
15. August 1932	Wattenscheid Kirche–Höntrop–Bochum–Laer–Werne–Langendreer Bahnhof–Kaisersteg
Herbst 1932	Höntrop–Bochum–Laer–Werne–Langendreer Bahnhof (Langendreer Bahnhof–Kaisersteg: siehe Linie H)
22. Mai 1937	Umbenennung in Linie 14 (Höntrop–Abzweig Engelsburg: siehe Linie 4).
1. Februar 1938	Höntrop–Bochum–Laer–Kaltehardt–Bahnhof Witten West (Laer–Werne–Langendreer Bahnhof: siehe Linie 20)
November 1944	Vorübergehende Einstellung des Straßenbahnbetriebs, dann wieder Höntrop–Bochum–Laer–Kaltehardt–Witten Markt–Bommern Denkmal
18. Oktober 1954	Höntrop–Bochum–Laer–Kaltehardt–Witten Markt–Witten Hauptbahnhof
1. September 1976	Höntrop–Bochum–Laer–Kaltehardt–Witten Markt–Heven Dorf
1. Januar 1980	Umbenennung in Linie 310.
Linie 11	
Januar 1952	Bahnhof Annen Nord–Ardeystraße–Witten Markt–Witten Hauptbahnhof(–Heven Hellweg)
27. Mai 1972	Einstellung: siehe Linie 12.
Linie 12	
Januar 1952	Bahnhof Annen Nord–Ardeystraße–Witten Markt–Heven Ruhrbrücke
7. November 1952	Bahnhof Annen Nord–Witten Markt–Heven–Herbede

27. Mai 1972	Bahnhof Annen Nord–Witten Markt–Heven Dorf Heven–Herbede: Ersatz durch Omnibuslinie 50
1. September 1976	Bahnhof Annen Nord–Witten Markt–Witten Hauptbahnhof
1. Januar 1980	Umbenennung in Linie 320.
Linie 14	
22. Mai 1937	Oberdahlhausen–Bochum–Laer–Werne–Langendreer Bahnhof
1. Februar 1938	Umbenennung in Linie 20.
Linie 16	
1. Juni 1967	Bochum–Harpen–Lütgendortmund Markt
30. Juni 1969	Abschnitt Harpen–Lütgendortmund Markt: Ersatz durch Omnibuslinie 36.
Linie B/Linie 17	
1. Januar 1938	Bochum–Harpen–Lütgendortmund Markt–Lütgendortmund Bahnhof: Übernahme des Abschnitts Markt–Bahnhof von der eingestellten Linie H.
1. Februar 1938	Umbenennung in Linie 17.
7. März 1945	Zerstörung der Straßenbahnverbindung nach Bochum.
8. Mai 1945	Vorübergehende Einstellung des Straßenbahnbetriebs in Lütgendortmund.
Mai 1946	Pendelbetrieb Limbecker Straße (Plesken)–Lütgendortmund Bahnhof
1. Mai 1947	Bochum Schwanenmarkt–Harpen–Lütgendortmund Bahnhof
1. Oktober 1947	Bahnhof Bochum-Süd–Harpen–Lütgendortmund Bahnhof
21. Mai 1955	Bochum–Harpen–Lütgendortmund Markt Abschnitt Markt–Bahnhof: Ersatz durch Dortmunder Omnibuslinie T
30. Mai 1967	Umbenennung in Linie 16.
Linie 20	
1. Februar 1938	Oberdahlhausen–Bochum–Laer–Werne–Langendreer Bahnhof Oberdahlhausen–Abzweig Engelsburg: Ersatz durch Straßenbahnlinie 16
November 1944	Vorübergehende Einstellung des Straßenbahnbetriebs, dann wieder Oberdahlhausen–Bochum–Laer–Werne–Langendreer Bahnhof
30. Juni 1969	Einstellung: Ersatz durch Omnibuslinie 45.
Linie L/22	
6. April 1938	Langendreer Bahnhof–Kaisersteg (als Omnibuslinie L)
22. Februar 1943	Kaisersteg–Langendreer Markt (Wiedereröffnung als Straßenbahnlinie)
Frühjahr 1945	Vorübergehende Einstellung des Straßenbahnbetriebs.
Herbst 1946	Kaisersteg–Langendreer Markt
15. April 1948	Kaisersteg–Langendreer Markt–Castrop-Rauxel Emschertalbahn
31. Mai 1951	Einstellung: Ersatz durch Omnibuslinien 78 und 79.
Linie 23	
1. Februar 1938	(Bahnhof Annen Nord–)Witten Markt–Heven–Herbede Verbandsstraße
7. Mai 1940	Bahnhof Annen Nord–)Witten Markt–Heven–Herbede Ortsmitte
31. Juli 1940	Umbenennung in Linie 32.
Linie 27	
1. Februar 1938	Bommern Denkmal–Langendreer–Lütgendortmund–Castrop-Rauxel
Frühjahr 1945	Vorübergehende Einstellung des Straßenbahnbetriebs, dann wieder Bommern Denkmal–Langendreer–Lütgendortmund–Castrop-Rauxel
1. Mai 1947	Bommern Denkmal–Langendreer–Lütgendortmund–Castrop-Rauxel
15. April 1948	Bommern Denkmal–Langendreer Bahnhof

30. November 1951	Einstellung: Ersatz durch Omnibuslinie 78.
Linie 29	
1. Februar 1938	Bahnhof Annen Nord–Witten Markt–Johannisstraße (Verstärker)
Frühjahr 1945	Vorübergehende Einstellung des Straßenbahnbetriebes, dann wieder Bahnhof Annen Nord–Witten Markt–Johannisstraße (Verstärker)
Januar 1952	Umbenennung in Linie 11.
Linie 32	
1. August 1940	Bahnhof Annen Nord–Witten Markt–Heven–Herbede
Frühjahr 1945	Vorübergehende Einstellung des Straßenbahnbetriebes, dann wieder Bahnhof Annen Nord–Witten Markt–Heven Ruhrbrücke (Bruchstelle)
13. Januar 1947	Bahnhof Annen Nord–Witten Markt–Heven Ruhrbrücke (Brückenkopf)
Januar 1952	Umbenennung in Linie 12.
Linie 309	
15. Dezember 2019	Langendreer Bahnhof–Crengeldanz (Schienenersatzverkehr)
	Papenholz–Heven Dorf (nur werktags)
1. November 2020	Langendreer Bahnhof–Witten–Heven Dorf (nur werktags)
Linie 310	
1. Januar 1980	Höntrop Kirche–Bochum–Laer–Kaltehardt–Witten–Heven Dorf
15. Dezember 2019	Höntrop Kirche–Bochum–Laer–Bahnhof
	Langendreer Bahnhof–Crengeldanz (Schienenersatzverkehr)
	Papenholz–Heven Dorf
1. November 2020	Höntrop Kirche–Bochum–Laer–Langendreer–Witten–Heven Dorf
Linie 320	
1. Januar 1980	Witten Hauptbahnhof–Bahnhof Annen Nord
28. September 1985	Einstellung: Ersatz durch Omnibuslinie 320.

Danksagung

Für die Zusammenstellung dieser Publikation mussten viele Puzzleteile kombiniert werden. Allen, die dazu beigetragen haben, möchte ich hier ausdrücklich danken: den Straßenbahnfahrerinnen und -fahrern des Betriebshofs Gelsenkirchen, dem Vorstand und den Führungskräften der Bochum-Gelsenkirchener Straßenbahnen AG, die in den 1980er-Jahren mein Interesse geweckt und gefördert haben, vor allem Artur Hammer, Gerd Liedtke, Alfons Rohde, Günter Freitag und Heinz-Jürgen Haarkamp in Vorstand und Öffentlichkeitsarbeit, Wolfgang Olschewski, Günter Mohrmann und Engelbert Dising von der Technischen Abteilung, Hermann Heitkamp sowie Horst Steinecker von der Hauptwerkstatt Gerthe. Weiterhin danke ich allen Zeitzeugen, den Bildgebern und im Todesfall ihren Kindern und Angehörigen, darunter Eckehard, Marius und Romanus Frenz, Jens Grünebaum, Hans-Ulrich, Margarete und Andreas Hake, Andreas Halwer, Elke Hilger, Dieter und Stefan Höltge, Horst Knist und Ursula Klein, Kurt Klotzbach, Peter Kracht, Wolfgang von Lengerke, Dr. Rolf Löttgers, Wilhelm Mohrenstecher, Wolfgang und Christian Reimann, Wolfgang D. Richter, Jörg Rudat sowie Werner Wölke. Unterstützt wurde ich darüber hinaus von Christoph Kollmann und dem Team der Pressestelle der BOGESTRA, Kenneth Köth von der VEM GmbH, Dr. Martina Kliner-Fruck, Christian Brinkmann, Dominik Goßens, Tobias Lücke, Ana Muro und Christina Wildvang vom Stadtarchiv Witten, Peter Dembski vom Verein für Orts- und Heimatkunde Witten, Dr. Kai Rawe und Arne Fütterer vom Stadtarchiv Bochum – Bochumer Zentrum für Stadtgeschichte sowie von Gaby Quildies vom Regionalverband Ruhrgebiet.

Andreas Halwer danke ich für die sorgsame Prüfung des Manuskripts und viele wertvolle Hinweise. Wolfgang D. Richter hat mich mit seinem Fachwissen im Bereich der Fahrzeugtechnik unterstützt.

Ganz besonderer Dank gilt meiner Frau Beate, die mit Geduld und Verständnis die historischen Recherchen und die Arbeit an meinen Publikationen ermöglicht.

Literaturverzeichnis

Brandenburg, Paul / Hildebrand, Karl-Heinz (Hrsg.): Witten: Straßen - Wege - Plätze, Band 1 und 5, Verein für Orts- und Heimatkunde, Witten 1989 und 2008.

Gahr, Gerd: Sahneschnitten – Historisches und Autobiografisches aus Witten rund um den Crengeldanz, BoD, Witten / Norderstedt 2022.

Halwer, Andreas: Der Bau und Betrieb der Straßenbahnlinien von Höntrop über Witten nach Bommern und von Annen über Witten nach Herbede, in Ludwig Schönefeld (Hrsg.): Rund um die Bahn, Eisenbahn-Klub ET 420, Bochum März 1979.

Halwer, Andreas / Verkehrshistorische Arbeitsgemeinschaft BOGESTRA e.V. (Hrsg.): Zeitreise durchs BOGESTRA-Land, Band 1: Die Geschichte der Linie 310 (Bochum – Witten), DGEG Medien, Hövelhof 2016.

Halwer, Andreas / Verkehrshistorische Arbeitsgemeinschaft BOGESTRA e.V. (Hrsg.): Zeitreise durchs BOGESTRA-Land, Band 3: 125 Jahre flott und freundlich durchs Revier (1896–2021), DGEG Medien, Hövelhof 2021.

Hungerige, Hansi: Langendreer - Werne wie es früher war, Wartberg, 2001.

Löttgers, Rolf: Die Geschichte der Westfälischen Straßenbahn, in Jahrbuch des Vereins für Orts- und Heimatkunde in der Grafschaft Mark, VOHM, Witten 1966.

Müller, Harald: 160 Jahre Oskar Ludwig Kummer. Porträt einer herausragenden Dresdner Unternehmerpersönlichkeit, TUDpress, Dresden 2008.

Müller, Paul: 10 Jahre Westfälische Straßenbahn, Westfälische Straßenbahn GmbH, Gerthe i.W. 1919.

Reimann, Wolfgang R.: Straßenbahn und Güterverkehr zwischen Rhein, Ruhr und Wupper, Neddermeyer, Berlin 2004.

Schenk, Michael: Straßenbahnen im östlichen Ruhrgebiet, Sutton, Erfurt 2004.

Schenk, Michael: Archivbilder Witten, Sutton, Erfurt 2004.

Schönefeld, Ludwig: Die Geschichte des Straßenbahnverkehrs in Bochum 1894–1904, in Rundbrief der Vereinigung für Heimatkunde Bochum, Bochum 1981.

Schönefeld, Ludwig: Unterwegs Zwischen Emscher und Ruhr – Geschichte des Wagenparks der Bochum-Gelsenkirchener Straßenbahnen AG, Reimann, Wuppertal 1989.

Schöningh, Ferdinand: Die Geschichte und wirtschaftliche Bedeutung der Kleinbahnen (Überlandstraßenbahnen) im rheinisch-westfälischen Kohlerevier, Schöningh, Paderborn 1911.

Schoppmeyer, Heinrich / Zemter, Wolfgang (Hrsg.): Über 775 Jahre Witten, Beiträge zur Geschichte der Stadt Witten, Band 2, Verein für Orts- und Heimatkunde, Witten 1989.

Sobotka, Bruno: Witten – Wiege des Ruhrbergbaus, Sobotka, Witten 1980.

Verkehrshistorische Arbeitsgemeinschaft BOGESTRA e. V. (Hrsg.): Zukunft mit Herkunft - Ein Rückblick auf die Geschichte der Straßenbahn in Langendreer, VhAG BOGESTRA, Bochum 2017.

Wiel, Paul: Wirtschaftsgeschichte des Ruhrgebiets, SVR, Essen 1970.

Wischnewski, Jürgen: Nie mehr Südbahnhof – Die elektrische Straßenbahn erreicht Lütgendortmund, in Auf Draht, VhAG BOGESTRA, Bochum 2005,

Akten und Dokumente der Verkehrsbetriebe

Zur Recherche herangezogene Quellen sind insbesondere der Aktenbestand zur Historie der Märkischen Straßenbahn in den kommunalen Archiven der Städte Bochum und Witten, die Geschäftsberichte und Unterlagen der Bochum-Gelsenkirchener Straßenbahnen AG und der Westfälischen Straßenbahn GmbH sowie historische Tageszeitungen, die über das vom Portal „Zeitpunkt.NRW“ für den Zeitraum von 1901 bis 1945 in digitalisierter Form vorliegen.

Empfehlenswerte Websites

https://luftbilder.geoportal.ruhr/

Eine Website des Regionalverbandes Ruhrgebiet mit aktuellen Stadtplänen und historischen Luftbildern, die hervorragend für die Orientierung in Witten und Umgebung geeignet ist.

https://vhag-bogestra.de/

Die Verkehrshistorische Arbeitsgemeinschaft BOGESTRA e.V. (VhAG) dokumentiert die über 125-jährige Geschichte des öffentlichen Nahverkehrs und kümmert sich um die Erhaltung historischer Fahrzeuge.

Weblinks

BOGESTRA Geschichte im Internet
Hat Ihnen dieses Buch zur Geschichte der Straßenbahn im Raum Witten gefallen? Möchten Sie mehr über die Historie der Bochum-Gelsenkirchener Straßenbahnen AG erfahren? Dann besuchen Sie gerne die Websites des Autors.

RUND UM DEN KUHHIRTEN
www.bochumer-nahverkehr.de
Eine Webpräsenz zur Geschichte des Straßenbahnverkehrs in Bochum.

AN EMSCHER UND KANAL
www.castroper-nahverkehr.de
Eine Webpräsenz zur Geschichte des Straßenbahnverkehrs in Castrop-Rauxel.

ZWISCHE HÜTTE UND BURG
www.hattinger-nahverkehr.de
Eine Webpräsenz zur Geschichte des Straßenbahnverkehrs in Hattingen, im angrenzenden Bergischen Land und in Teilen des Ennepe-Ruhr-Kreises.

ZWISCHEN KOHLE UND KIRMES
www.herner-nahverkehr.de
Eine Webpräsenz zur Geschichte des Straßenbahnverkehrs Herne und Wanne-Eickel.

KIRCHE, KOHLE UND KARNEVAL
www.wattenscheider-nahverkehr.de
Eine Webpräsenz zur Geschichte des Straßenbahnverkehrs in Wattenscheid.

ZWISCHEN RUHR UND EMSCHER
www.wittener-nahverkehr.de
Eine Webpräsenz zur Geschichte des Straßenbahnverkehrs in Witten.

Der QR Code führt zur Webpräsenz des „Archivs für Straßenbahnverkehr", das Ludwig Schönefeld seit Mitte der 1970er-Jahre kontinuierlich aufgebaut hat. Unter der Rubrik „WEBSITES" finden Sie illustrierte Links zu allen Straßenbahn-Websites des Autors.

Bildnachweis

Sofern im nachfolgenden Bildnachweis nicht näher bezeichnet, befinden sich die historischen Postkarten, Fotos und Dokumente in der Sammlung des Autors. Bei den historischen Postkarten ist es häufig nicht mehr möglich, die ursprünglichen Rechteinhaber zu ermitteln, insbesondere in den Fällen, in denen sich Auftraggeber, Verlag und Vertrieb nicht unterscheiden lassen. Für alle anderen Abbildungen hat der Autor die Rechte und die Zustimmung zur Veröffentlichung eingeholt bzw. die Sammlungsprovenienz ausfindig gemacht. Sollten dennoch geltende Rechte nicht berücksichtigt sein, bittet der Autor um entsprechende Hinweise.

Actien-Gesellschaft Elektricitätswerke (vormals O. L. Kummer & Co.)/Sammlung VEM GmbH: S. 39 o., 40, 41 o./M./u.;

Sammlung Hans-Ulrich Baumann, Witten: S. 37 u.

Eduard J. Bouwman, Nimwegen/Sammlung Rainer Bimmermann, Aachen: S. 118;

BOGESTRA-Fotosammlung/Stadtarchiv – Bochumer Zentrum für Stadtgeschichte FO 12: S. 2, 12, 65, 86 u.l., 97, 101, 102, 103 u., 106, 111 o.;

Sammlung Eberhard Brand, Bochum: Verlag Witwe Brinkhoff, Langendreer: S. 26 u.; Verlag M. Hönscheidt, Witten: S. 29 u.;
Eckehard Frenz: S. 114 o.;
Sammlung Gerd Gahr, Witten: S. 93 o.;
Jens Grünebaum, Herdecke: S. 131;
Sammlung Hans-Ulrich Hake, Witten: S. 64, 75, 88;
Andreas Halwer, Bochum: S. 132;
Sammlung Andreas Halwer, Bochum: S. 77 u.r.; Hermann Lorch Kunstanstalt und Verlag, Dortmund: S. 98 u.; Postkarte ohne Verlagsaufdruck: S. 30;
Dieter Höltge/Sammlung Stefan Höltge: S. 112, 119 o., 120, 127;
Stefan Höltge: S. 130 o./u., Nachsatz;
Sammlung Hansi Hungerige, Bochum: Verlag Cramers Kunstanstalt, Dortmund/Schöning GmbH & Co. KG, Lübeck: S. 23 u.; Verlag F.E.D.: S. 30; Verlag Richard Honsberg, Langendreer: S. 25 u.; Verlag Julius Matjewski, Langendreer: S. 28, 29 o.; Atelier Martin Müller, Langendreer: S. 70, Postkarte ohne Verlagsaufdruck: S. 45 o.;
Horst Knist, Duisburg: S. 128 u.;
Sammlung Peter Kracht, Bochum: Verlag Fritz Gärtner, Werne: S. 43; Hermann Lorch Kunstanstalt und Verlag, Dortmund: S. 44; Verlag Jos. Peschka, Langendreer: S. 47 o.; Postkarte ohne Verlagsaufdruck: S. 69 u.;
MAN-Archiv im DB Museum, Nürnberg: S. 60, 61;
Sammlung Wilhelm Mohrenstecher, Dortmund: Verlag H. Lindemann, Lütgendortmund: S. 53 u.; Fritz Rohleff, Photographisches Atelier, Kettwig a.d. Ruhr: S. 53 o.; Verlag Albert Rosenberg, Lütgendortmund: S. 47 u., 48 o./u.; Verlag H. Rubin & Co., Dresden-Blasewitz: S. 81 o.; Verlag Paul Rümmler, Lütgendortmund: S. 52; Verlag Carl Stock, Lütgendortmund: S. 45 u., 54 o., 81 u.; Postkarte ohne Verlagsaufdruck: S. 63, 80 o.; Kurt Klotzbach, Dortmund: S. 49 u.r.; Unbekannter Fotograf: S. 80 u.;
Manfred Möller, Bochum: S. 121 u., 123 u., 129, 133;
Wolfgang R. Reimann, Wuppertal: Einband vorne, S. 72, 111 u., 114 u., 118 o./u., 119 u., 126;
Sammlung Wolfgang R. Reimann: S. 71, 73 o./u.;
Sammlung Axel Reuther, Köln: Peter Boehm, Düsseldorf/Sammlung Peter Boehm: S. 39 u.;
Sammlung Jörg Rudat, Wetter: Verlag Hermann Bormann, Witten: S. 59;
Ludwig Schönefeld, Bochum: S. 121 o., 135 o./u., 136 o./u., 138 o./u., 139, 140 o., 141;
Sammlung Ludwig Schönefeld, Bochum: S. 55, 58, 68, 76 u.l., 77 u.l., 84, 86, 91, 94, 110 r./l., 113, 124; Engelbert Dising, Bochum: S. 79 o.; Werner Fricke, Langenfeld: S. 101 u.; Sammlung Werner Fricke, Langenfeld: S. 96 u.; Wolfgang Hilger, Bonn: S. 117; Kurt Klotzbach, Dortmund: S. 52 o., 107; Emil Konrad, Düsseldorf: S. 69 o., 89 u.; Unbekannter Fotograf: S. 85, 98 o.; Postkartensammlung: Verlag Gebrüder Krampen, Annen: S. 34 u.; Verlag Cramers Kunstanstalt, Dortmund/Schöning GmbH & Co. KG, Lübeck: Vorsatz, S. 18 u., S. 21 o., 27, 33, 42, 74, 92, 103 o.; Hermann Lorch Kunstanstalt und Verlag, Dortmund: S. 50, 57 o., 90; Kolonialwaren Friedrich Körmann, Witten: S. 83 o.; Verlag B. Koetzold & Co., Witten: S. 15 o.; Verlag C. I. Krüger, Witten: S. 7; Verlag F. K. W.: S. 23 o., 67; Verlag O. Löwenstein, Annen: S. 57 u.; Verlag August Pott, Witten: S. 19; Schöning GmbH & Co. KG, Lübeck: S. 100 u.; Buchhandlung Friedrich Schröder, Herbede: S. 83 u.; Trinks & Co. GmbH, Leipzig: S. 21 u.; Postkarte ohne Verlagsaufdruck: S. 26 o., 56, 92;
Sammlung Stadt Bochum, Pressestelle: S. 25 o.;
Sammlung Stadtarchiv Witten: Aktenbestand: S. 9 o., 10, 49 u.r., 53; Fotosammlung: S. 11, 12 o./u., 13, Einband hinten; Postkartensammlung: Hauhoff & Weber Großhandlung, Witten: S. 87 o.; Verlag Cramers Kunstanstalt, Dortmund/Schöning GmbH & Co. KG, Lübeck: S. 16 o./u., 31, 34 o., 105, 107 u.; Verlag Carl Kottsieper, Wetter: S. 36 o.; Verlag Gebrüder Krampen, Annen: S. 35; Industrie-Fotografen Klinke & Co., Berlin: S. 89 o.; Verlag Wilhelm Luhn, Witten: S. 15 u., 22 o.; Verlag Theodor Schnitzler, Düsseldorf: S. 33 o.; Kunstverlag G. Thien, Elberfeld: S. 18 o.; Verlag J. Walter, Witten: S. 33 u.; Postkarte ohne Verlagsaufdruck: S 22 u.; Unbekannter Fotograf: S. 100 o.;
Wilfried Schöppner, Nottuln: S. 99;
Bernhard Terjung, Köln: S. 125;
Sammlung Verein für Orts- und Heimatkunde Witten: S. 95 o., 96 o.;
Verband Deutscher Verkehrs-Amateure e.V., Köln (VDVA): Frits van der Gragt, Amsterdam: S. 108 u.; Friedrich Grünwald, Offenbach: S. 93 u.; Horst Völkel: S. 128 o.; Dieter Waltking, Düsseldorf: S. 95 u., 108 o., 109;
Werner Wölke, Wetter: S. 123 o., 137, 140 u.;
Sammlung Werner Wölke, Wetter: Verlag Paul Caspar, Bochum: S. 17; Verlag Cramers Kunstanstalt, Dortmund/Schöning GmbH & Co. KG, Lübeck: S. 104; Hermann Lorch Kunstanstalt und Verlag, Dortmund: S. 5, 87 u.; Trinks & Co. GmbH, Leipzig: S. 79 u.
Datenbank „Zeitpunkt.NRW“: S. 54 u.

Ebenfalls erhältlich ...

ISBN 978-3-89702-783-1

ISBN 978-3-96303-142-7

H
2
Witten Rathaus